La Vie Inconue de Jésus-Christ

par

Nicolas NOTOVITCH

— 1894 —

Copyright © 2022 Nicolas Notovitch (domaine public)
Édition : BoD – Books on Demand, info@bod.fr
Impression : BoD – Books on Demand,
In de Tarpen 42, Norderstedt (Allemagne)
Impression à la demande.
ISBN : 978-2-3224-2383-5
Dépôt légal : juillet 2022
Tous droits réservés
Ce livre a été produit et maquetté par Reedsy.com

PRÉFACE

Depuis la guerre de Turquie (1877-1878), j'ai entrepris une série de voyages en Orient. Après avoir visité toutes les localités tant soit peu remarquables de la péninsule des Balkans, je me rendis à travers le Caucase dans l'Asie Centrale et en Perse, et enfin, en 1887, je partis pour l'Inde, pays admirable qui m'attirait depuis mon enfance.

Le but de ce voyage était de connaître et d'étudier sur place les peuples qui habitent l'Inde et leurs mœurs, l'archéologie grandiose et mystérieuse et la nature colossale et pleine de majesté de ce pays. Errant sans plan arrêté d'un endroit à l'autre, je parvins jusqu'à l'Afghanistan montagneux, d'où je regagnai l'Inde par les traversées pittoresques de Bolan et de Guernaï. Puis, je remontai l'Indus jusqu'à Raval Pindi, parcourus le Pendjab, pays des cinq fleuves, visitai le temple d'or d'Amritsa, le tombeau du roi de Pendjab, Randjid-Singh, près de Lahor, et me dirigeai vers le Kachmyr, « vallée du bonheur éternel ». Là, je recommençai mes pérégrinations au gré de ma curiosité jusqu'à ce que j'arrivai au Ladak, d'où j'avais formé l'intention de revenir en Russie par le Karakoroum et le Turkestan chinois.

Un jour, au cours de la visite que je fis à un couvent bouddhiste situé sur ma route, j'appris du lama en chef qu'il existait dans les archives de Lassa des mémoires fort anciens et ayant trait à la vie de Jésus-Christ et aux nations de l'Occident, et que certains grands monastères possédaient des copies et des traductions de ces chroniques.

Comme il était peu probable que je fisse encore un voyage dans ces pays-là, je résolus de remettre à une époque ultérieure mon retour en Europe, et, coûte que coûte, soit de retrouver ces copies dans de grands couvents, soit d'arriver à Lassa, voyage qui est loin d'être aussi dangereux et difficile que l'on se plaît à l'affirmer ; de plus, j'étais si habitué à cette sorte de périls qu'ils ne pouvaient plus me faire reculer d'un pas.

Pendant mon séjour à Leh, capitale du Ladak, je visitai le grand couvent Himis, situé dans les environs de la ville ; le lama en chef de ce couvent me déclara que la bibliothèque monastique contenait quelques copies des manuscrits en question. Pour ne pas éveiller les soupçons des autorités sur l'objet de ma visite au couvent et ne pas trouver d'obstacles, en ma qualité de Russe, dans un voyage ultérieur au Thibet, je fis savoir, de retour à Leh, que je repartais aux Indes, et je quittai à nouveau la capitale du Ladak. Une chute malheureuse à la suite de laquelle je me brisai la jambe me fournit d'une façon absolument inattendue un prétexte pour retourner dans le monastère, où l'on me donna les premiers secours médicaux. Je profitai de mon court séjour parmi les lamas pour obtenir le consentement du lama en chef à ce qu'on me fît apporter de la bibliothèque les manuscrits relatifs à Jésus-Christ, et, aidé de mon interprète qui me traduisait la langue thibétaine, je notai soigneusement sur mon carnet ce que le lama me lisait.

Ne doutant aucunement de l'authenticité de cette chronique, rédigée avec beaucoup d'exactitude par des historiens brahmines et surtout bouddhistes de l'Inde et du Nepal, je voulus, de retour en Europe, en publier la traduction. Dans ce but, je m'adressai à plusieurs ecclésiastiques universellement connus, en les priant de réviser mes notes et de me dire ce qu'ils en pensaient.

Mgr Platon, célèbre métropolitain de Kiew, fut d'avis que cette trouvaille était d'une grande importance. Cependant, il me dissuada de faire paraître les mémoires, croyant que leur publication ne pouvait que me nuire. Pourquoi ?... C'est ce que le vénérable prélat se refusa à me dire d'une façon plus explicite. Toutefois, notre conversation ayant eu lieu en Russie, où la censure aurait mis son veto sur un pareil ouvrage, je pris le parti d'attendre.

Un an après, je me trouvais à Rome. J'y fis voir mon manuscrit à un cardinal qui est au mieux avec le Saint-Père et qui me répondit textuellement ce qui suit : « À quoi bon faire imprimer cela ? Personne n'y attachera une grande importance, et vous vous créerez une foule d'ennemis. Cependant, vous êtes encore bien jeune ! Si c'est une question d'argent qui vous intéresse, je pourrais demander pour vous une récompense pour vos notes, récompense qui vous dédommagerait des dépenses faites et du temps perdu. » Naturellement, je refusai.

À Paris, je parlai de mon projet au cardinal Rotelli, avec qui j'avais fait connaissance à Constantinople. Lui aussi s'opposait à ce que j'imprimasse mon travail, sous prétexte que ç'eût été prématuré. « L'Église, ajouta-t-il, souffre trop du nouveau courant d'idées athéistes, et vous ne ferez que donner une nouvelle pâture aux calomniateurs et aux détracteurs de la doctrine évangélique. Je vous le dis dans l'intérêt de toutes les églises chrétiennes. » Ensuite, j'allai voir M. Jules Simon. Il trouva que ma communication était très intéressante et me recommanda de demander l'avis de M. Renan sur le meilleur moyen de publier ces mémoires.

Dès le lendemain, j'étais assis dans le cabinet du grand philosophe. À la fin de notre entretien, M. Renan me proposa de lui confier les mémoires en question afin qu'il en pût faire un rapport à l'Académie. Cette proposition était, comme on comprend bien, très alléchante et flattait mon amour-propre ; cependant j'emportai l'ouvrage, sous prétexte de le réviser encore une fois. Je prévoyais, en effet, que si j'acceptais cette combinaison, je n'aurais que l'honneur d'avoir trouvé la chronique, tandis que l'illustre auteur de la Vie de Jésus aurait toute la gloire de la publication et des commentaires. Or, je me croyais assez bien préparé pour publier moi-même la traduction de la chronique, en l'accompagnant de mes notes, et je déclinai l'offre très gracieuse qui m'avait été faite. Mais, pour ne pas froisser la susceptibilité du grand maître que je respectais profondément, je résolus d'attendre sa mort, événement fatal qui ne devait pas tarder, à en juger d'après la faiblesse générale de M. Renan. Peu de temps après la mort de M. Renan, j'écrivis à M. Jules Simon pour lui demander son avis. Il me répondit que c'était à moi de juger de l'opportunité qu'il y avait à faire paraître les mémoires.

Je mis donc de l'ordre dans mes notes, et je les publie à présent en me réservant le droit d'affirmer l'authenticité de ces chroniques. Je développe dans mes commentaires les arguments qui nous doivent convaincre de la sincérité et de la bonne foi des compilateurs bouddhistes. J'ajoute, qu'avant de critiquer ma communication, les sociétés savantes pourront, sans beaucoup de frais, équiper une expédition scientifique qui aurait pour mission d'étudier ces manuscrits sur place et d'en vérifier ainsi la valeur historique.

Nicolas NOTOVITCH.

P.-S. — Au cours de mon voyage, j'ai tiré beaucoup de photographies très curieuses, mais lorsque de retour aux Indes j'ai examiné les négatives, il s'est trouvé qu'elles étaient toutes abîmées.

C'est pourquoi j'ai dû, pour illustrer mon livre, avoir recours à l'extrême obligeance de mon ami M. d'Auvergne qui avait fait un voyage aux Himalaya et qui m'a gracieusement offert quelquesunes de ses photographies.

VOYAGE AU THIBET

Pendant mon séjour aux Indes, j'eus souvent l'occasion de m'entretenir avec des bouddhistes, et les récits qu'ils me firent sur le Thibet eurent le don d'exciter tellement ma curiosité que je résolus de faire un voyage dans ce pays encore peu connu. Dans ce but, je choisis une route qui se dirigeait à travers le pays de Kachmyr, — que je me proposais de visiter depuis longtemps.

Le 14 octobre 1887, je montai dans un compartiment de chemin de fer, absolument bondé de militaires, et me rendis de Lahore à Raval-Pindi, où j'arrivai le lendemain, vers midi. Après avoir pris quelque repos et visité la ville à qui sa garnison permanente donne l'aspect d'un camp de guerre, je fus acheter les objets qui m'étaient nécessaires sur une route où, au lieu d'une voie ferrée, on emploie encore le mode de traction des chevaux. Aidé de mon serviteur, nègre de Pondichéry, j'emballai tout mon bagage, louai une tonga (sorte de véhicule à deux roues tiré par deux chevaux) et, m'étant installé sur la banquette d'arrière, commençai à parcourir la pittoresque route qui mène du côté du Kachmyr.

Notre tonga prit bientôt une allure très rapide sur cette magnifique route ; il nous fallut louvoyer avec beaucoup d'adresse au milieu d'une grande caravane formée par un convoi militaire et dont les bagages, portés à dos de chameaux, faisaient partie d'un détachement qui, du camp, rentrait en ville. La vallée du Pendjab finit bientôt, et, en grimpant un chemin aux sinuosités infinies, nous nous engageâmes dans les contreforts de l'Himalaya. Les pentes devinrent de plus en plus abruptes ; derrière nous, se déroula le panorama délicieux de la région que nous venions de traverser et qui s'abîmait de plus en plus à nos pieds. Le soleil venait d'embraser d'un dernier regard lassé les cimes des montagnes quand notre tonga sortit gaiement des zigzags qu'elle dessinait sur la crête d'une montagne boisée au pied de laquelle s'est si confortablement installée la petite ville de Muré ; c'est là, qu'en été, des familles entières de fonctionnaires anglais viennent chercher un peu d'ombre et de fraîcheur.

Ordinairement, on peut aller en tonga de Muré jusqu'à Srinagar ; mais, à l'approche de l'hiver, saison où tous les Européens désertent le Kachmyr, le service des tongas est suspendu. J'entrepris précisément mon voyage au moment où la vie commençait à se ralentir un peu, ce qui eut le don d'étonner fortement les Anglais qui me rencontrèrent sur leur route en s'en revenant aux Indes ; ils firent de vains efforts pour deviner le but de mon voyage au Kachmyr.

La chaussée n'étant pas encore entièrement construite au moment où je me mis en route, je louai des chevaux de selle et ce, au prix de beaucoup de difficultés ; le soir était déjà venu quand nous commençâmes à descendre de Muré, qui est à 5 000 pieds d'altitude. Notre voyage n'avait rien de folâtre, sur une route noire et creusée d'ornières par les dernières pluies ; nos chevaux la devinaient plutôt qu'ils ne la voyaient réellement ; bientôt, la nuit se fit complète, une pluie d'orage vint nous surprendre en pleine campagne, et, grâce aux chênes touffus et plus que centenaires qui bordaient notre route, nous fûmes bientôt plongés dans d'insondables ténèbres ; aussi, pour ne point courir le risque de nous perdre l'un l'autre, nous appelâmes-nous à haute voix tout le temps que dura notre course. Dans cette obscurité impénétrable, nous devinions de lourdes masses de roc presque au-dessus de nos têtes ; à gauche de la route, mugissait un torrent dont l'eau formait une cascade que les arbres nous dérobaient.

Il y avait environ deux heures que nous pataugions dans la boue et que la pluie glacée nous transperçait jusqu'aux moelles, quand nous aperçûmes de loin un petit feu qui surexcita nos forces. Mais que ces feux-là sont trompeurs au milieu des montagnes ! On croit le voir brûler tout près de soi et il disparaît tout d'un coup pour réapparaître de nouveau, tantôt à droite, tantôt à gauche, tantôt au-dessus, tantôt au-dessous de vous, comme s'il prenait plaisir à se jouer du voyageur harassé. Pendant ce temps, le chemin fait mille détours et zigzague de çà de là, et le feu, immobile, semble être animé d'un mouvement continuel ; l'obscurité nous empêche, en effet, de reconnaître que nous-mêmes modifions notre direction à chaque instant.

J'avais déjà abandonné tout espoir de m'approcher de ce feu tant désiré, quand il apparut de nouveau et, cette fois, si près de nous que nos chevaux s'arrêtèrent d'eux-mêmes.

Il me faut ici remercier très sincèrement les Anglais pour la prévoyance dont ils ont fait preuve en bâtissant sur toutes les routes de petits bengalows (sorte de maison composée d'un rez-de-chaussée et destinée à abriter les voyageurs). Il est vrai qu'il ne faut point exiger de confort dans ces sortes d'hôtels ; c'est là une chose à laquelle un voyageur brisé de fatigue ne pense d'ailleurs même pas, et il est au comble du bonheur en trouvant à sa disposition une chambre propre et sèche.

Sans doute, les Indous ne s'attendaient pas à voir arriver un voyageur à cette heure avancée de la nuit et dans une pareille saison, car ils avaient emporté les clefs du bengalow dont il nous fallut forcer la porte. Je me précipitai sur le lit qu'on venait de me préparerait qui se composait d'un oreiller et d'un tapis trempés d'eau, et je m'endormis presque aussitôt. À la pointe du jour, après avoir pris du thé et un peu de conserves, nous reprîmes notre route, baignés dans les rayons brûlants du soleil. De temps à autre, nous rencontrions des villages, d'abord dans un défilé superbe, puis le long de la route qui serpente au sein des montagnes. Nous descendîmes enfin jusqu'à la rivière Djeloum dont les eaux coulent avec grâce au milieu de rochers dont son cours est obstrué, entre deux gorges dont les cimes, en plusieurs endroits, atteignent presque la voûte azurée du ciel de l'Himalaya, ciel qui se montre ici remarquablement pur et serein.

Vers midi, nous arrivions à un hameau appelé Tongue, situé au bord de la rivière et qui présente une unique rangée de cabanes, faisant l'effet de caisses ouvertes sur la façade ; on y vend des comestibles et toutes sortes de marchandises de détail. Les Indous y pullulent, portant au front les insignes diversement coloriées de leurs castes ; on y voit aussi de beaux Kachmyriens vêtus de longues chemises blanches et de turbans également blancs.

Je louai ici, moyennant un bon prix, le cabriolet indou d'un Kachmyrien ; cet équipage est construit de telle sorte que pour s'y tenir assis, il faut croiser les jambes à la turque ; le siège en est si petit que c'est tout juste si deux personnes peuvent s'y installer. L'absence d'un dossier rend ce mode de locomotion très dangereux. Néanmoins, je préférai cette sorte de table circulaire montée sur roues à un cheval, désireux que j'étais d'atteindre le plus vite possible le but de mon voyage. À peine avais-je parcouru un demikilomètre que je regrettai sérieusement le cheval que j'avais délaissé, tant j'éprouvais de fatigue à tenir les jambes croisées et à observer l'équilibre. Malheureusement, il se faisait déjà tard. Le soir tombait, quand je m'approchai du village Hori, brisé de fatigue, meurtri par les cahots incessants, les jambes comme envahies par des millions de fourmis et complètement incapable de jouir du pittoresque paysage qui s'étendait devant nos yeux à mesure que nous avancions le long du Djeloum, dont les rives sont bordées d'un côté de rochers escarpés et de l'autre de montagnes entièrement boisées. À Hori, je fis rencontre d'une caravane de pèlerins qui revenaient de la Mecque. Se figurant que j'étais médecin et apprenant la hâte que j'avais d'arriver dans le Ladak, ils me prièrent de m'associer à eux, ce que je leur promis de faire après Srinagar que, dès l'aube, je gagnai à cheval.

J'avais passé toute ma nuit assis sur le lit, une torche enflammée à la main, sans fermer les yeux et craignant la morsure d'un scorpion ou d'un mille-pieds qui pullulent dans tous les bengalows. J'avais parfois honte de la crainte que m'inspirait une pareille bestiole, et pourtant je ne pus m'endormir. Où est, à vrai dire, chez l'homme, la frontière qui sépare le courage de la poltronnerie ? Je ne me vanterais pas de ma bravoure par fanfaronnade, je ne suis pas non plus poltron, et cependant, la peur insurmontable que m'inspirait cette engeance de petits animaux malfaisants chassa le sommeil de mes paupières, malgré mon extrême fatigue...

Nos chevaux s'avançaient au pas dans une vallée plate, encadrée de hautes montagnes. Baigné que j'étais dans les rayons du soleil, je ne tardai pas à m'endormir en selle. Une fraîcheur subite qui me pénétrait intimement me réveilla, je vis que nous commencions déjà à gravir un sentier de montagne, au milieu d'une vaste forêt qui, tantôt s'entr'ouvrait et me permettait alors d'admirer à loisir le rivage magnifique d'un torrent impétueux et qui tantôt dérobait à nos yeux les montagnes, le ciel, le paysage entier, nous laissant entendre en revanche le chant d'une foule d'oiseaux au plumage bigarré. Nous sortîmes de la forêt vers midi, descendîmes jusqu'à un petit hameau qui se trouve au bord de la rivière et poursuivîmes notre voyage après nous être réconfortés par un goûter froid. Je m'en fus au bazar et tentai d'y acheter un verre de lait chaud à un Indou qui se tenait accroupi devant une grande chaudière pleine de lait bouillant ; quelle ne fut pas ma surprise quand il me proposa d'emporter la chaudière avec son contenu, affirmant que j'avais souillé le lait qu'elle renfermait.

« J'ai besoin d'un verre de lait et non de la chaudière ellemême » fis-je à l'Indou. — « D'après nos lois, me répondit ce marchand, si quelqu'un qui ne fait pas partie de notre caste a longtemps fixé un de nos objets ou bien un aliment, il nous faut laver celui-là et jeter celui-ci à la rue. Toi, ô Saab, tu as souillé mon lait, et personne n'en boira plus, car, non seulement tu ne t'es pas contenté de le fixer, mais tu l'as encore montré du doigt. »

En effet, j'avais longtemps examiné sa marchandise pour être sûr que ce fût vraiment du lait et j'avais indiqué du doigt au marchand de quel côté je voulais qu'il m'en puisât.

Plein de respect pour les lois et coutumes des peuples étrangers, je payai sans disputer une roupie, prix de tout le lait que le marchand avait répandu à terre, bien que je n'en eusse pris qu'un verre. Voilà qui m'apprit à ne pas fixer dorénavant mes yeux sur la nourriture des Indous.

Il n'y a pas de croyance religieuse plus embrouillée par une foule de cérémonies, lois et commentaires que ne l'est le brahmanisme. Tandis que chacune des religions principales n'a qu'une Bible, qu'un Évangile et qu'un Coran, livres où puisent leur foi les Hébreux, les Chrétiens et les Musulmans, les Indous brahmes possèdent un si grand nombre de commentaires in-folio que le brahmine le plus savant a eu à peine le temps d'aller jusqu'au dixième. En laissant de côté les quatre livres des Védas, les Pouranas, écrits en langue sanscrite et composés de 18 volumes contenant 400 000 strophes qui traitent du droit, de la théogonie, de la médecine, de la création, de la destruction et de la régénération du monde, etc. ; les vastes Chastras, qui traitent des mathématiques, de la grammaire, etc. ; les Oupovedas, Oupanichadas, Oupopouranas, qui servent d'explication aux Pouranas, et une foule d'autres commentaires en plusieurs volumes, il reste encore les douze vastes livres qui contiennent les lois de Manou, petit-fils de Brahma, livres qui s'occupent non seulement du droit civil et pénal, mais encore des règles canoniques, règles qui imposent à leurs adeptes un nombre de cérémonies tellement considérable qu'on se surprend à admirer l'inaltérable patience qu'apportent les Indous dans l'observation des préceptes dictés par saint Manou. Manou était incontestablement un grand législateur et un grand penseur, mais il a tant écrit qu'il lui arrive parfois de se contredire dans le courant d'une même page. Les brahmines ne se donnent pas la peine de le remarquer, et les pauvres Indous, dont le labeur nourrit la caste des brahmines, obéissent servilement à leur clergé, dont les prescriptions leur enjoignent de ne jamais toucher à un homme qui n'appartiendra pas à leur caste et qui, d'un autre côté, défendent absolument à un étranger de fixer son attention sur ce qui appartient à l'Indou. En s'en tenant au strict sens de cette loi, l'Indou s'imagine que ses aliments sont souillés s'ils ont été, de la part d'un étranger, l'objet d'une attention un peu trop soutenue. Et cependant, le brahmanisme a été, au commencement même de sa seconde naissance, une religion purement monothéiste, ne reconnaissant qu'un Dieu infini et indivisible. Ainsi qu'il en est arrivé de tout temps et dans toutes les religions, le clergé abusa de la situation privilégiée qui le plaçait au-dessus de la foule des ignorants et confectionna hâtivement différentes formes extérieures du culte et quelques lois, pensant agir ainsi sur les masses. Les choses en vinrent bientôt là que le principe du monothéisme, dont les Védas nous ont donné une conception si claire, alla pour ainsi dire se fondre en une série absurde et illimitée de dieux et de déesses, demi-dieux, génies, anges et diables que représentaient des idoles de formes très variées, mais horribles quand même. Le peuple, jadis glorieux comme sa religion était autrefois grande et pure, glisse maintenant à une complète idiotie ; c'est à peine si sa journée lui suffit pour accomplir toutes les prescriptions de ses canons.

On peut dire, d'une façon positive, que les Indous ne subsistent que pour faire vivre la secte principale des brahmines, qui ont pris en main le pouvoir temporel que possédaient jadis des souverains indépendants du peuple. Tout en gouvernant l'Inde, les Anglais ne se mêlent pas de ce côté de la vie publique, aussi les brahmines en profitent-ils pour soutenir dans la nation l'espoir d'un avenir meilleur.

Le soleil se coucha bientôt derrière le haut faîte d'une montagne, et les ténèbres de la nuit envahirent en un moment le pittoresque paysage que nous traversions. Bientôt l'étroite vallée le long de laquelle coule le Djeloum s'endormit aussi ; notre route, serpentant le long d'une corniche étroite de rochers à pic, se déroba insensiblement à notre vue, montagnes et arbres se confondirent en une seule masse sombre, et les étoiles, aux rayons changeants, étincelèrent sur la voûte céleste. Il nous fallut mettre pied à terre et marcher à tâtons le long de la montagne, de peur de devenir la proie de l'abîme qui s'ouvrirait sous nos pieds. À une heure avancée de la nuit, nous traversions un pont et grimpions une montée à pic qui conduit au bengalow Ouri, placé à ces hauteurs dans un isolement complet. Le lendemain, nous traversions une charmante région, toujours en côtoyant la rivière au détour de laquelle nous vîmes les ruines d'une forteresse séike, qui nous parut se souvenir tristement de son passé glorieux. Dans un petit vallon encaissé au milieu des montagnes, se trouvait un bengalow qui semblait nous souhaiter la bienvenue. À proximité de là, campait un régiment de cavalerie du Maharadja de Kachmyr.

Apprenant que j'étais de nationalité russe, les officiers m'invitèrent à déjeuner avec eux ; c'est là que j'eus le plaisir de faire connaissance avec le colonel Brown, qui avait, le premier, composé un dictionnaire de la langue afgane pouchtou.

Désireux que j'étais de gagner le plus tôt possible la ville de Srinagar, je continuai mon chemin à travers une pittoresque région qui s'étendait au pied des monts, après avoir longtemps côtoyé la rivière ; à nos yeux fatigués par la monotonie des paysages précédents, se déployait une vallée bien peuplée, avec des maisons à deux étages, entourées de jardins et de champs cultivés. Un peu plus loin commence la célèbre vallée de Kachmyr, située derrière une rangée de hautes collines que je franchis vers le soir. Quel superbe panorama s'étala sous mes yeux quand je me trouvais au faîte de la dernière colline qui séparait d'avec la vallée de Kachmyr le pays montagneux que je venais de parcourir ! Un tableau ravissant enchanta mes regards. La vallée de Kachmyr, dont les limites se perdent à l'horizon, et qui partout est très peuplée, se trouve encaissée au milieu des hautes montagnes de l'Himalaya. Au lever et au coucher du soleil, la zone des neiges éternelles paraît un anneau d'argent qui ceindrait ce charmant et riche plateau que sillonnent tant de rivières et de belles routes. Des jardins, des collines, un lac dont les nombreux îlots sont couverts de constructions d'un style prétentieux, tout cela reporte le voyageur dans un autre monde. Il lui semble qu'il n'y ait plus besoin d'aller plus loin et que là doit se trouver le paradis dont ses gouvernantes l'ont entretenu si souvent pendant son enfance.

Les voiles de la nuit gagnèrent peu à peu la vallée, confondant montagnes, jardins et lacs en une seule masse sombre que perçaient parfois des feux lointains, semblables à des étoiles. Je descendis la vallée, me dirigeant vers le Djeloum, qui s'est frayé, à travers un défilé étroit, un passage au milieu de la montagne pour unir ses eaux à celles du fleuve Ind. D'après la légende, la vallée aurait été jadis une sorte de grand lac-mer ; un passage, formé entre deux roches, aurait mis à sec ce lac intérieur, ne laissant plus à sa place que quelques petits étangs, et le Djeloum qui apporte aujourd'hui ses eaux à l'Ind. Les rives en étaient couvertes d'une nuée d'embarcations longues et étroites qu'habitent toute l'année les propriétaires avec leur famille.

D'ici, on peut gagner Srinagar en une journée, si l'on voyage à cheval ; le parcours en bateau nécessite une journée et demie. Je m'arrêtai à ce dernier moyen, et après avoir choisi un canot et en avoir débattu le prix avec son propriétaire, je m'installai à la proue sur un tapis protégé par une sorte d'auvent.

Le bateau quitta la rive à minuit, nous entraînant rapidement vers Srinagar. À l'autre extrémité de la barque, un Indou me préparait du thé ; je me laissai aller au sommeil, heureux de savoir que mon voyage s'accomplissait tout de même. Je fus réveillé par la chaude caresse des rayons du soleil, qui se glissaient par le devant de l'abri, et ce que je vis me ravit au delà de toute expression : des rivages entièrement verts, les contours lointains des cimes couvertes de neige, les villages que de temps à autre on apercevait au pied des monts, la nappe cristalline des eaux, l'air pur et particulièrement agréable que j'aspirais avec avidité, le gazouillement d'une infinité d'oiseaux, un ciel d'une pureté extraordinaire ; derrière moi, l'eau clapotait sous l'impulsion d'un aviron arrondi du bout que maniait avec aisance une femme superbe, aux yeux merveilleux et au teint bronzé par le soleil, à l'air plein d'indifférence ; toutes ces choses me firent tomber comme en extase, et j'oubliai totalement la raison de ma présence sur la rivière. En ce moment, je n'avais même plus le désir d'atteindre le but de mon voyage, et cependant qu'il me restait encore de privations à subir et de dangers à affronter ! Je me sentais si bien ici ! Le canot glissait rapidement, les paysages se déroulaient sous mes yeux sans s'arrêter, pour se perdre derrière les confins de l'horizon, ils se confondaient avec les montagnes que nous avions dépassées et semblaient faire corps avec elles ; puis, devant moi, c'était un autre panorama qui s'étalait et qui semblait se dérouler du flanc de la montagne qu'on voyait de plus en plus grandir...

Le jour baissait que je ne me lassais pas de contempler cette magnifique nature, dont la vue réveillait en moi des souvenirs d'enfance et de jeunesse.

Qu'ils étaient beaux, ces jours à jamais passés !

À mesure qu'on approche de Srinagar, on rencontre des villages de plus en plus nombreux, enfouis dans la verdure. À l'approche de notre bateau, les habitants accouraient, assez peu nombreux ; les hommes, coiffés de turbans, les femmes, en petits bonnets, et revêtues de longues chemises descendant jusqu'à terre, les enfants, dans un état de nudité qui faisait songer aux costumes de nos premiers pères.

À l'entrée même de la ville, on voit une rangée de barques et de maisons flottantes où logent des familles entières. Les cimes des montagnes lointaines, couvertes de neige, se laissaient caresser une dernière fois par les rayons du soleil couchant, quand nous glissâmes entre les deux files de maisons de bois de Srinagar dont la rive est entièrement bordée. La vie semble cesser ici au coucher du soleil ; des milliers de bateaux (dunga) multicolores et de barques (bangla) ornées de palanquins étaient amarrés le long de la berge ; Kachmyriens et Kachmyriennes se trouvaient près du fleuve, dans le primitif costume d'Adam et d'Ève : ils accomplissaient leurs ablutions crépusculaires, n'éprouvant aucune gêne l'un devant l'autre, car ils exécutaient un rite dont l'importance est beaucoup plus grande pour eux que celle de tous les préjugés humains.

Le 20 octobre, je me réveillai dans une chambre proprette d'où l'on avait une vue très gaie sur la rivière qu'inondait alors le soleil de Kachmyr. Comme je n'ai pas pour but ici de décrire mon voyage, je renonce à énumérer les vallées, tout ce paradis de lacs, d'îles enchanteresses, ces palais historiques, ces pagodes pleines de mystérieux, ces villages coquets qui semblent perdus dans de vastes jardins ; de tous côtés, se dressent les majestueuses cimes des géants de l'Himalaya, sur qui s'étend à perte de vue un blanc linceul de neiges éternelles ; je noterai seulement les préparatifs que je fis en vue d'un nouveau voyage du côté du Thibet. Je passai six jours à Srinagar, faisant de longues excursions dans les environs enchanteurs de la ville, examinant les nombreuses ruines qui témoignent de l'ancienne prospérité de la région et étudiant les curieux usages du pays.

Le Kachmyr, ainsi que d'autres provinces qui s'y rattachent, telles que le Baltistan, le Ladak, etc., sont vassales de l'Angleterre. Elles firent jadis partie des possessions du Lion du Pendjab, Randjid Sing. À sa mort, les troupes anglaises occupèrent Lahore, capitale du Pendjab, séparèrent le Kachmyr d'avec le reste de l'empire et le cédèrent, à titre de possession héréditaire et moyennant 160 millions de francs, à Goulab-Sing, un des familiers du souverain défunt, à qui ils conférèrent en outre le titre de maharadja. À l'époque de mon voyage, le maharadja actuel était PertabSing, petit-fils de Goulab, et dont la résidence familière est Jamoo, sur le versant sud de l'Himalaya.

La célèbre « vallée heureuse » de Kachmyr, longue de 85 milles et large de 25, ne jouit vraiment de sa gloire et de sa prospérité que sous le grand Mogol, dont la cour aimait à goûter ici les douceurs de la villégiature, au milieu de pavillons encore debout sur les îlots du lac. La plupart des maharadjas de l'Hindoustan venaient jadis passer ici les mois d'été et prendre part aux fêtes magnifiques que donnait le grand Mogol ; mais les temps ont bien changé et l'heureuse vallée n'est plus qu'une retraite de mendiants ; les herbes et les moisissures ont couvert l'eau limpide du lac, le genévrier sauvage a étouffé toute la végétation des îles, les palais et les pavillons n'ont plus laissé que le souvenir de leur grandeur défunte, l'herbe et la terre ont recouvert les constructions qui tombent en ruines. Les montagnes environnantes et leurs cimes éternellement blanches semblent se laisser envahir par une morne tristesse et garder l'espérance d'un temps meilleur pour l'éclosion de leurs beautés immortelles. Les habitants, jadis spirituels, beaux et propres, ont tourné à l'idiotie ; ils sont devenus sales et paresseux et c'est le fouet qui les gouverne maintenant et non plus le glaive.

Les Kachmyriens ont été si souvent exposés aux pillages et aux incursions, ils ont eu tant de maîtres divers que maintenant ils font fi de tout, passent le temps près de leur mangal ou au bord des rivières, font des cancans chez leurs proches, ou s'occupent au travail minutieux des célèbres châles, ou bien encore exécutent des dessins ajourés sur or ou sur argent. Les femmes kachmyriennes elles-mêmes sont mélancoliques, et une inconcevable tristesse se répand sur leurs traits. Partout règnent la misère et la malpropreté. Les beaux hommes et les superbes femmes du Kachmyr vont sales et déguenillés, d'une façon qu'on a peine à se figurer. Le costume des deux sexes se compose, hiver comme été, d'une longue chemise d'une étoffe épaisse et aux manches bouffantes. On porte cette chemise jusqu'à usure complète et jamais, au grand jamais, on ne la blanchit, de sorte que le turban blanc des hommes paraît d'une neige éblouissante auprès de leur chemise sale, couverte de crachats et de taches de graisse.

Une grande tristesse pénètre le voyageur à voir le contraste entre cette riche et opulente nature et ces gens vêtus de haillons.

La capitale du pays, Srinagar (ville du soleil) ou, pour lui donner le nom qu'elle porte ici, d'après la contrée, Kachmyr, est située au bord du Djeloum, le long duquel elle s'étend vers le sud sur une distance de cinq kilomètres.

Les maisons à deux étages qu'habite une population de 100 000 habitants sont bâties en bois et bordent les berges du fleuve. La ville n'a pas plus de deux kilomètres de largeur, tout le monde vit sur la rivière dont les rives sont reliées entre elles par une dizaine de ponts. Des gradins conduisent des maisons jusqu'à l'eau du Djeloum où, toute la journée, on fait ses ablutions, on se baigne et on lave la vaisselle, qui consiste à peu près en deux ou trois cruches de cuivre. Une partie des habitants pratique la religion musulmane, deux tiers en sont brahmines ; on n'y trouve que fort peu de bouddhistes.

Il était temps de commencer mes préparatifs de voyage avant de me lancer dans l'inconnu. Ayant fait l'acquisition de différentes sortes de conserves, de quelques caissons de vin et des objets qui m'étaient indispensables dans un voyage à travers un pays aussi peu peuplé que l'est le Thibet, j'emballai tous mes bagages dans des caisses, louai dix porteurs et un interprète, m'achetai un cheval pour moimême et fixai le départ au 27 octobre. Pour égayer ma route, je pris à un brave Français, M. Peicheau, cultivateur des vignes du Maharadja, un grand chien qui avait fait la traversée du Pamir avec mes amis Bonvalot, Capus et Pepin, les explorateurs bien connus. Voulant abréger le voyage de deux jours, je fis partir les porteurs dès l'aube de l'autre côté du lac ; pour moi, je le traversai en bateau et rejoignis ma caravane et mon cheval au pied de la chaîne de montagnes qui sépare la vallée de Srinagar de la gorge du Sind. Jamais je n'oublierai les tortures qu'il nous fallut éprouver en grimpant presque à quatre pattes sur une cime haute de 3 000 pieds ; les porteurs étaient à bout de souffle, à tout moment, je craignais d'en voir un dégringoler la pente avec son fardeau. J'avais le cœur navré en voyant mon pauvre chien Pamir qui, la langue démesurément tirée, faisait deux ou trois pas en gémissant et tombait, à bout de forces. J'en oubliais mes propres fatigues pour caresser et exhorter la pauvre bête ; comme s'il m'eût compris, le chien se relevait pour faire encore deux ou trois pas et tomber de nouveau.

La nuit était venue quand nous parvînmes au haut de la crête ; nous nous jetâmes gloutonnement sur la neige pour étancher notre soif ; après un peu de repos, nous commençâmes à descendre à travers une forêt de pins très dense, nous hâtant de gagner le village d'Haïena, au bas du défilé, avant l'apparition des bêtes de proie.

Un chemin plan et bien entretenu mène de Srinagar à Haïena, droit au nord par Ganderbal où la route tourne brusquement à l'est, après avoir côtoyé le Sind et traversé une contrée à végétation superbe jusqu'à Kangan ; à six milles de là, elle s'approche du village d'Haïena où je me rendais par une route plus directe au travers d'une passe située à 3 000 pieds, qui m'abrégeait singulièrement le temps et la distance.

Mon premier pas dans l'inconnu fut marqué par un incident qui nous fit passer à tous un bien vilain quart d'heure. Le défilé du Sind, d'une longueur de 60 milles, est surtout célèbre par les hôtes inhospitaliers qu'il contient ; entre autres, panthères, tigres, léopards, ours noirs, loups et chacals y foisonnent. Comme par un fait exprès, la neige venait de couvrir de son blanc tapis les hauteurs de la chaîne, ce qui avait obligé les redoutables carnassiers à descendre un peu plus bas et à chercher un abri dans leurs tanières. Nous descendions en silence, au milieu des ténèbres, un étroit sentier qui serpentait à travers des sapins et des bouleaux centenaires ; seul, le frôlement de nos pas sur le sol rompait le calme de la nuit. Tout à coup, très près d'où nous étions, un hurlement terrible ébranla les échos du bois. Notre petite troupe s'arrêta net. « Une panthère », fit à voix basse mon domestique dont la voix s'altéra. La petite caravane de douze hommes ne bougeait plus, comme rivée sur place. Je me souvins alors qu'au moment de la montée, quand j'étais brisé de fatigue, j'avais confié mon revolver à l'un des porteurs et ma carabine Winchester à un autre ; j'éprouvais maintenant un regret cuisant de m'être débarrassé de mes armes, et je demandai à voix basse où se trouvait l'homme à qui j'avais remis ma carabine. Les hurlements devenaient de plus en plus violents et rompaient les échos du bois silencieux quand soudain un craquement sec se fit entendre, comme la chute de quelque corps. Nous perçûmes presque aussitôt un bruit de lutte et un cri d'homme à l'agonie qui se confondait avec le rauque hurlement de l'animal affamé.

«Saab, prends le fusil,» entendis-je près de moi. Je m'emparai fiévreusement de ma carabine, mais... peine perdue, car on ne voyait pas à deux pas devant soi. Un nouveau cri, suivi d'un hurlement étouffé, m'indiquera vaguement le lieu de la lutte, je m'y dirigeai en rampant, partagé entre le violent désir de « tuer une panthère » et l'horrible peur d'être lacéré vivant. Personne n'osait bouger ; ce ne fut qu'au bout de cinq longues minutes qu'un des porteurs émit l'idée d'enflammer une allumette. Je me souvins alors de la crainte qu'éprouvent les fauves devant un grand feu. Je fis rassembler deux ou trois poignées de broussailles auxquelles je mis le feu. Nous vîmes alors, à dix pas de nous, étendu sur le sol, l'un de nos porteurs, les membres complètement arrachés par les griffes d'une superbe panthère ; le fauve n'avait pas bougé et tenait encore un paquet de chair dans sa gueule. À côté, béait un caisson de vins complètement effondré. À peine eus-je fait un mouvement convulsif pour épauler ma carabine, que la panthère se dressa sur ses pattes, tourna la tête en lâchant une partie de son horrible victime ; un moment, elle parut vouloir bondir sur moi, puis, elle fit brusquement volteface, et, poussant un hurlement à vous glacer le sang dans les veines, l'animal bondit au milieu du fourré dans lequel il disparut à nos yeux.

Mes coolies, qu'une peur atroce avait tenus tout ce temps prostrés à terre, se remirent peu à peu de leur frayeur. Tenant prêts quelques paquets d'herbes sèches et des allumettes, nos fusils armés et bien en main, nous nous hâtâmes de gagner le village Haïena, abandonnant les restes du malheureux Indou dans la crainte de subir le même sort que lui.

Une heure après, nous avions quitté la forêt et entrions en plaine. Je fis dresser ma tente sous un platane très feuillu et allumer un grand bûcher, seul moyen de protection que nous puissions employer contre les fauves dont les hurlements partaient de toutes les directions et nous glaçaient le sang. Mon chien s'était serré contre moi, la queue entre les jambes ; mais, une fois sous la tente, il retrouva subitement sa vaillance ; toute la nuit, il aboya sans discontinuer, n'osant toutefois se hasarder au dehors. Ce fut pour moi une nuit affreuse ; la carabine à la main, avec pour concert ces hurlements terribles dont l'écho funèbre assourdissait le défilé. Quelques panthères s'approchèrent de notre bivouac pour répondre aux aboiements de Pamir, mais n'osèrent rien tenter contre nous. J'avais quitté Srinagar à la tête de onze porteurs, dont quatre étaient chargés d'autant de caissons de vin, quatre autres portaient mes effets de route, un mes armes, un autre différents ustensiles et enfin un dernier, qui faisait les courses ou allait en reconnaissance. Il s'appelait « Chicari », ce qui signifie : celui qui accompagne le chasseur et ramasse la proie. Je le congédiai au matin, à cause de sa poltronnerie et de son ignorance profonde du pays, je ne gardai plus avec moi que quatre porteurs. Je remplaçai les autres par des chevaux et ce fut avec quelque lenteur que je me dirigeai vers le village de Gounde.

Quelle belle nature que celle qui s'épanouit dans la gorge du Sind, et combien aimée des chasseurs ! En outre des grands fauves, on y rencontre des biches, des cerfs, des mouflons et une immense variété d'oiseaux, parmi lesquels il faut citer en premier lieu des faisans dorés, d'autres rouges, ou d'un blanc de neige, des perdrix de grande taille et des aigles immenses.

Les villages situés le long du Sind ne brillent pas par leurs dimensions. Ce ne sont, la plupart du temps, que dix à vingt chaumières d'une apparence extrêmement misérable, les habitants en sont vêtus de guenilles. Le bétail appartient à une très petite race. Je passai le fleuve à Sambal, et m'arrêtai près du village Gounde où le relais me procura des chevaux frais. Dans quelques villages, on refusa de me louer des chevaux ; je fis alors jouer mon fouet, ce qui imposa de suite le respect et l'obéissance ; mon argent remplit le même but : inspirer une obéissance servile et le désir d'exécuter mes moindres ordres.

Le bâton et l'or sont les vrais souverains de l'Orient ; sans eux, le grand Mogol lui-même n'eût eu aucune prépondérance. Sur ces entrefaites, la nuit commençait à descendre et j'avais hâte de franchir le défilé qui sépare les villages de Gogangan et de Sonamarg ; la route y est dans un mauvais état fort curieux et elle est infestée de fauves qui descendent la nuit chercher leur vie jusque dans les villages. L'endroit est ravissant et très fertile, cependant peu de colons osent s'y établir, à cause du voisinage des panthères qui viennent jusque dans les cours ravir les animaux domestiques.

À la sortie même du défilé, près du village de Tchokodar ou Thajwas, la demi-obscurité qui régnait me permit de distinguer deux masses noires qui traversaient la route. C'étaient deux ours que suivait en courant un jeune ourson. Je me trouvais seul avec mon domestique (la caravane était restée en arrière), aussi n'osais-je trop les affronter avec ma seule carabine ; mais les longues excursions que j'avais faites sur la montagne avaient développé fortement en moi le sens du chasseur et je n'en devins que plus brave. Sauter à bas de cheval, faire feu, et, sans même vérifier le résultat, changer précipitamment de cartouche, ce fut l'affaire d'une seconde. Un ours allait bondir sur moi, un second coup de feu le fit rebrousser chemin, et il disparut. Tenant en main mon fusil chargé, je m'approchai avec circonspection de l'endroit que je venais de viser ; j'y trouvai un ours couché sur le flanc ; près de lui, le petit ourson gambadait. Un nouveau coup de feu l'abattit à son tour, après quoi, je me mis en mesure de dépecer les deux superbes fourrures d'un noir de jais. Cette rencontre nous fit perdre deux heures ; la nuit était complètement venue quand je plantai ma tente près de Tchokodar que je quittai dès l'aube pour gagner Baltal, en suivant le cours de la rivière Sind. À cet endroit, se termine brusquement le ravissant paysage de la « prairie d'or », avec un village du même nom, (Sona, or et Marg, prairie) ; la montée de Zodgi-La vient aussitôt, montée abrupte de 11500 pieds d'élévation, au delà de laquelle le pays entier prend un air sévère et inhospitalier. Avant Baltal, prirent fin mes aventures de chasse ; je ne rencontrai plus guère sur la route que des chèvres sauvages ; pour chasser, il eût fallu quitter la grand'route et pénétrer au cœur des montagnes pleines de mystères. Je n'en avais ni l'envie ni le temps, aussi continuai-je tranquillement ma route vers le Ladak.

Quelle brusque transition j'éprouvai en passant de la nature riante et de la belle population du Kachmyr aux rochers arides et maussades et aux habitants imberbes et difformes du Ladak !

Le pays dans lequel je venais de pénétrer est à l'altitude de 11 à 12 000 pieds ; ce n'est guère qu'à Karghil que le niveau descend à 8 000 pieds.

La montée de Zodgi-La est très rude, il faut gravir une espèce de mur à peu près à pic. À certains endroits, la route serpente sur des saillies larges d'un mètre, au bas desquelles l'œil se perd au fond du gouffre d'insondables abîmes. Dieu préserve le voyageur d'une chute ! Il y a un endroit où l'on a introduit de longues poutres dans des trous de roche et l'on a recouvert le tout avec de la terre. Brr... À la pensée qu'une petite pierre déroulant des flancs de la montagne ou qu'une trop forte oscillation des poutres pourrait précipiter la terre dans l'abîme et avec la terre celui qui se serait hasardé sur cette passerelle périlleuse, à cette pensée le cœur me manquait plus d'une fois pendant cette rude traversée.

Les glaciers franchis, nous fîmes halte dans la vallée et l'on se disposa à passer la nuit près d'une hutte de postier, endroit que son entourage de glaces et de neiges éternelles rendait fort peu récréatif.

Au delà de Baltal, on détermine les distances au moyen de daks, c'est-à-dire de stations de poste pour le service des correspondances. Ce sont des huttes basses, situées à sept kilomètres l'une de l'autre ; un homme se tient en permanence dans chacune de ces huttes. Le service de la poste entre le Kachmyr et le Thibet fonctionne d'une façon encore fort primitive. Les lettres sont enfermées dans un sac de cuir qui est remis à un facteur. Celui-ci parcourt rapidement les sept kilomètres qui lui sont dévolus, en portant sur son dos une sorte de panier qui renferme plusieurs de ces sacs de cuir ; il les remet à un autre facteur qui, à son tour, accomplit sa tâche d'une façon identique. Ni pluies ni neiges ne les peuvent arrêter ; c'est ainsi que fonctionne la poste entre Kachmyr et le Thibet, et vice versa une fois par semaine. Chaque course d'un porteur de lettres lui est payée 6 annas (1 franc) ; ce salaire est le même que celui des porteurs de marchandises ; c'était la somme que je donnais à chacun de mes serviteurs pour un fardeau dix fois plus lourd. Le cœur se serre douloureusement devant les figures pâles et fatiguées de ces commissionnaires, mais qu'y peut-on ? C'est là l'habitude du pays. Le thé vient de Chine par un procédé semblable, transport qui se fait rapidement et à peu de frais.

Comme nous allions arriver au village de Montaiyan, je rejoignis la caravane d'Yarkandiens, que j'avais promis d'accompagner dans leur voyage. Ils me reconnurent de loin et me prièrent d'examiner un des leurs tombé malade. Je le trouvai se débattant dans les affres d'une fièvre intense. Secouant les mains, en signe de désespoir, je leur montrai le ciel et leur fis comprendre que la volonté et la science humaines étaient désormais inutiles et que Dieu seul pouvait maintenant le sauver. Ces gens-là voyageaient à petites journées, je les quittai pour arriver le soir à Drass, situé au fond d'une vallée près d'une rivière qui porte le même nom. Près de Drass, se dresse un petit fortin de construction très ancienne et badigeonné à neuf, que gardent trois sëïks de l'armée du Maharadja. À Drass, j'élus domicile dans la maison de poste ; c'est la station, et la seule, d'un fil télégraphique unique qui va de Srinagar au sein de l'Himalaya. Depuis je ne dressai plus ma tente chaque soir ; je descendis dans des caravansérails repoussants de saleté, mais où régnait une bonne chaleur que répandent les énormes bûchers allumés à l'intérieur du bâtiment.

De Drass à Karghil, le paysage est déplaisant et monotone, si l'on en excepte toutefois les merveilleux levers et couchers de soleil et de beaux clairs de lune ; à part cela, la route est plate, infinie et fourmille de dangers.

Karghil est un chef-lieu de district où réside le gouverneur de la contrée ; le site en est très pittoresque. Deux cours d'eau, Sourou et Wakkha, roulant avec fracas leurs eaux sur des rocs et des fondrières, débouchent coquettement de leurs défilés différents ; leur confluent forme la rivière de Sourou, sur les berges de laquelle s'élèvent les constructions en terre de Karghil.

Un petit fort, gardé par deux ou trois séïks, se profile au confluent des deux cours d'eau. À la pointe du jour, muni de chevaux frais, je poursuivais ma route en entrant cette fois dans le Ladak ou Petit Thibet. Je traversais un pont branlant, composé, ainsi que tous les ponts du Kachmyr, de deux longues poutrelles dont les extrémités s'appuient sur les berges ; sur ces poutres, est un lit de fascines et de petites perches, qui donnent à peu près l'illusion d'un pont suspendu. Bientôt, je gravissais lentement un petit plateau que franchit la route sur une longueur de deux kilomètres pour descendre dans l'étroite vallée du Wakkha, avec des villages parmi lesquels Paskium, très pittoresque sur la rive gauche.

Arrivé là, je foulais du pied le sol des bouddhistes. Les habitants y sont d'une humeur simple et fort douce, ils semblent ignorer ce qu'on nomme chez nous « querelles ». Les femmes y sont assez rares ; celles que l'on peut rencontrer se distinguent de celles que j'ai vues jusqu'ici soit aux Indes soit au Kachmyr, par l'air de gaîté et de prospérité répandu sur leurs traits. Comment en pourrait-il être autrement, puisque chaque femme de ce pays a, en moyenne, de trois à cinq maris, et ce, de la manière la plus légitime du monde. La polyandrie s'épanouit dans cette contrée. Si grande que puisse être une famille, il n'y a qu'une femme pour tout le ménage ; si la famille ne dépasse pas trois personnes, un célibataire peut en faire partie moyennant finance. Les jours de chacun des maris sont déterminés à l'avance et chacun s'acquitte très exactement de ses devoirs, aussi les hommes sont-ils en général faibles, le dos un peu voûté et ne vivent-ils pas très vieux. Durant mon voyage au Ladak, je ne rencontrai pas un seul vieillard dont les cheveux fussent blancs.

La route de Karghil au centre du Ladak est d'un aspect plus riant que celle que je venais de parcourir, égayée qu'elle est par une foule de petits hameaux ; malheureusement, les arbres et la verdure y sont choses absolument rares.

À vingt milles de Karghil, à l'issue du défilé que forme le courant rapide du Wakkha, se trouve un petit village qui a nom Chargol, au centre duquel se dressent trois chapelles enluminées de couleurs vives (des t'horthènes, pour leur donner le nom qu'elles portent au Thibet). En bas, près de la rivière, s'étendent des masses de pierres en forme de longs et larges murs et sur lesquelles on a jeté, dans un désordre apparent, des pierres plates de couleurs diverses ; on a gravé sur ces cailloux toutes sortes de prières en caractères ourds, sanscrits et thibétains ; on y rencontre même des inscriptions en caractères arabes. À l'insu de mes porteurs, je réussis à prendre quelques-unes de ces pierres qui se trouvent actuellement au palais du Trocadéro.

À partir de Chargol on rencontre à chaque pas de ces sortes de jetées oblongues.

Dès l'aube, je repris ma route avec des chevaux frais et fis halte près du couvent (gonpa) de Moulbek, collé sur le flanc d'un rocher isolé. En bas se trouve le hameau de Wakkha ; non loin de là, on peut remarquer un autre rocher de forme très étrange et qui semble avoir été apporté là par des mains d'hommes : dans ses flancs, on a taillé un Bouddha haut de quelques mètres.

Sur le rocher, se trouvaient plusieurs girouettes qui servent pour les prières. Ce sont des sortes de cercles de bois, drapés d'étoffes jaunes ou blanches ; ils sont attachés à un bâton qu'on enfonce verticalement en terre ; il suffit du moindre vent pour les faire tourner ; l'être qui les a placées là n'est plus obligé de réciter ses prières, car tout ce que les croyants peuvent demander au dieu est écrit sur ces espèces de douves.

Vus de loin, ce monastère badigeonné en blanc et se découpant très puissamment sur la teinte grisâtre des collines, et ces girouettes aux jupes tournantes, sont d'un effet très étrange, dans cette contrée à demi-morte.

Je laissai mes chevaux au hameau de Wakkha, et, suivi de mon domestique, je m'acheminai vers le couvent auquel menait un escalier étroit et taillé en plein roc. Là-haut, je fus accueilli par un lama très replet, au poil rare sous le menton — signe caractéristique du peuple thibétain — très laid, mais d'une grande cordialité. Son costume se composait d'une halate jaune et d'un bonnet à oreilles de drap de même couleur. Il tenait à la main droite une girouette de prières, en cuivre, qu'il mettait de temps à autre en branle de la main gauche, sans pour cela interrompre en rien notre conversation. C'est sa prière continuelle qu'il communique à l'air afin qu'à l'aide de cet élément elle parvienne plus facilement au ciel. Nous traversâmes une enfilade de chambres basses, aux murs garnis de rayons sur lesquels s'étalaient des images de Bouddha, de toutes grandeurs, fabriquées avec toutes sortes de matériaux et couvertes d'une épaisse couche de poussière : nous débouchâmes enfin sur une terrasse découverte d'où l'œil, embrassant la région environnante, planait sur une contrée inhospitalière, parsemée de rochers grisâtres et traversée par une seule route qui, des deux côtés, se perdait dans les confins de l'horizon.

Une fois assis, on nous apporta aussitôt de la bière de houblon, nommée ici tchang, que le couvent prépare lui-même. Elle communique rapidement de l'embonpoint à tous les moines, ce qui passe ici pour le signe d'une faveur particulière du ciel.

On parle ici le thibétain ; l'origine de cette langue est pleine d'obscurités ; une chose certaine, c'est qu'un roi du Thibet, contemporain de Mahomet, entreprit la création d'une langue universelle pour tous les adeptes de Bouddha. Dans ce but, il fit simplifier la grammaire sanscrite, composa un alphabet qui contenait un nombre infini de signes et jeta ainsi les bases d'une langue dont la prononciation est des plus faciles et l'écriture des plus compliquées ; en effet, pour représenter un son, il ne faut pas employer moins de huit caractères. Toute la littérature moderne du Thibet est écrite dans cette langue. On ne parle d'ailleurs la pure langue thibétaine qu'au Ladak et dans le Thibet oriental ; dans toutes les autres parties du pays, on emploie des dialectes formés d'un mélange de cette langue mère avec différents idiomes pris aux peuples voisins d'une région ou d'une autre.

Dans la vie matérielle même du Thibétain, il existe toujours deux langues ; l'une est absolument incompréhensible pour les femmes, l'autre est celle que parle la nation entière. Ce n'est que dans les couvents qu'on peut trouver la langue thibétaine dans sa pureté et son intégrité.

Le clergé des monastères préfère de beaucoup les visites des Européens à celles des Musulmans. Et comme j'en demandais la raison au lama, il me répondit ceci :

Les Musulmans n'ont aucun point de contact avec notre religion ; tout récemment encore, dans leur campagne victorieuse, ils ont converti de force une partie des bouddhistes à l'islamisme. Il nous faut beaucoup d'efforts pour ramener ces Musulmans, ces descendants de Bouddhistes, dans la voie du vrai Dieu. Quant aux Européens, c'est une tout autre affaire. Non seulement, ils professent les principes essentiels du monothéisme, mais ils font partie des adorateurs de Bouddha presque au même titre que les lamas qui habitent le Thibet même. La seule faute des chrétiens est, qu'après avoir adopté la grande doctrine de Bouddha, ils se soient en même temps complètement séparés d'avec lui et qu'ils se soient créés un Dalaï-Lama différent ; le nôtre seul a reçu le don divin de voir face à face la majesté de Bouddha et le pouvoir de servir d'intermédiaire entre la terre et le ciel.

— Quel est ce Dalaï-Lama des chrétiens dont vous venez de parler, fis-je à mon interlocuteur. Nous avons un « fils de dieu » à qui nous adressons nos prières ferventes, c'est à lui que nous avons recours pour qu'il intercède auprès de notre Dieu unique et indivisible.

— Ce n'est pas lui qui est en question ici, Saab. Nous aussi, nous respectons celui que vous reconnaissez comme fils d'un Dieu unique, mais nous ne voyons pas en lui un fils unique, mais l'être excellent, l'élu entre tous ; Bouddha, en effet, s'est incarné avec son intelligence dans la personne sacrée d'Issa, qui, sans employer ni le feu ni le fer, est allé propager notre grande et vraie religion par tout le monde. Je veux parler de votre Dalaï-Lama terrestre, celui à qui vous donnez le titre de Père de toute l'Église. C'est là un grand péché ; puisse-t-il être remis aux ouailles qui sont dans le mauvais chemin, fit le lama, en faisant tourner encore une fois sa girouette à prières.

Je compris qu'il venait de faire allusion au pape.

— Vous venez de me dire qu'un fils de Bouddha, Issa, l'élu entre tous, avait répandu votre religion sur la terre. Qui donc est-il ?

À cette question, le lama ouvrit des yeux énormes, me regarda avec étonnement et prononça des mots que je ne pus saisir, en murmurant d'une façon inintelligible :,

— Issa est un grand prophète, l'un des premiers après les vingt-deux Bouddhas, il est plus grand qu'aucun de tous les dalaï-lamas, car il constitue une partie de la spiritualité de notre Seigneur. C'est lui qui vous a instruit, qui, dans le giron de Dieu ramena les âmes frivoles, qui vous a rendus dignes des bienfaits du Créateur, qui a permis enfin à chaque être de connaître le bien et le mal ; son nom et ses actes ont été enregistrés dans nos écritures saintes, et, en lisant sa grande existence écoulée au milieu de gens égarés, nous pleurons sur l'horrible péché des païens qui l'ont assassiné après l'avoir mis à la torture.

Je fus frappé du récit du lama, — le prophète Issa, ses tortures et sa mort, notre Dalaï-Lama chrétien, les bouddhistes reconnaissant le christianisme, tout cela me faisait songer de plus en plus à Jésus-Christ ; — je priai mon interprète de n'omettre aucune des paroles du lama avec qui je m'entretenais.

— Où se trouvent ces écritures et qui les a rédigées ? fisje au moine.

— Les rouleaux principaux, dont la rédaction s'est faite, dans l'Inde et dans le Nepal, à différentes époques au fur et à mesure des événements, se trouvent à Lassa au nombre de plusieurs milliers. Dans quelques grands couvents, on en trouve des copies que les lamas à leur séjour dans Lassa ont faites à diverses époques, et qu'ils ont données par la suite à leur couvent en souvenir de leur séjour auprès du grand-maître, notre Dalaï-Lama.

— Vous-même ne possédez-vous pas quelques copies ayant trait au prophète Issa ?

— Non, nous n'en n'avons pas. Notre couvent est peu important, et, depuis sa fondation, nos lamas successifs n'ont guère à leur actif que quelques centaines de copies. Les grands cloîtres en ont par milliers, mais ce sont là des choses sacrées que l'on ne vous montrera nulle part.

Nous nous entretînmes encore quelques minutes, après quoi je m'en fus au campement, tout en réfléchissant aux récits du lama : Issa, prophète des bouddhistes ! Mais comment l'aurait-il pu être ? D'origine juive, il vécut en Palestine et en Égypte, et l'Évangile ne contient pas un mot, pas la moindre allusion au rôle que le bouddhisme aurait joué dans l'éducation de Jésus.

Je me déterminai à visiter tous les couvents du Thibet, espérant y recueillir de plus amples renseignements sur le prophète Issa, et peut-être trouver des copies de documents à son sujet. Sans nous en rendre compte, nous traversâmes le passage Namykala à 13 000 pieds d'altitude, d'où nous descendîmes dans la vallée de la rivière Salinoumah. Après avoir tourné au sud, nous gagnâmes Karbou, laissant derrière nous et sur l'autre rive de nombreux villages, entre autres Chagdoom, qui est au sommet d'un roc, dans un site extrêmement gracieux. Les maisons en sont blanches et ont un air de fête avec leurs deux ou trois étages ; c'est là, d'ailleurs, une particularité commune à tous les villages du Ladak.

L'œil d'un Européen en tournée dans le Kachmyr y perdrait bientôt les moindres notions de son architecture nationale ; au Ladak, au contraire, il est agréablement surpris à la vue des petites maisons à deux ou trois étages et à quadruple croisée qui lui rappellent les provinces européennes. Près de la ville de Karbou, sur deux rochers à pic, on voit les ruines d'une petite ville ou d'un village ; un orage et un tremblement de terre ont, dit-on, abattu ces murailles, dont la solidité ne laissait pourtant rien à désirer. Le lendemain, je traversai encore une station et franchis une passe du nom de Fotu-La, à 13500 pieds de hauteur ; sur le faîte, s'élève une petite chapelle-t'horthène. De là, suivant le lit entièrement desséché d'un torrent, je descendis jusqu'à un hameau, du nom de Lamayüre, qui apparaît à l'improviste aux yeux du voyageur. Un couvent qui semble collé aux flancs du rocher et qui s'y tient de miraculeuse façon, domine le village. Les escaliers sont inconnus dans ce monastère ; pour passer d'un étage à l'autre, on se sert de cordes ; on communique avec le dehors par tout un labyrinthe de passages et de couloirs sans fin. Sous les fenêtres du couvent, qui font penser à de grands nids accolés à un rocher isolé, est une petite auberge qui met à la disposition des voyageurs des chambres peu engageantes. À peine venais-je de m'étendre sur un tapis, que des moines, vêtus de halates jaunes, emplirent ma chambre, me harcelant de questions sur les lieux d'où j'étais parti, sur le but de mon voyage, etc. ; finalement, ils m'invitèrent à monter chez eux.

Malgré ma fatigue, j'acceptai leur offre et me mis à gravir les passages escarpés taillés à même le roc et encombrés d'une infinité de cylindres ou girouettes à prière que je touchais malgré moi et faisais tourner. On les a placées là pour éviter aux passants une perte de temps dans leurs prières, comme si leurs affaires eussent dû absorber complètement leur journée, et qu'il ne leur restât pas le loisir de prier. Beaucoup de pieux bouddhistes utilisent à ce but le courant des rivières ; j'ai vu toute une rangée de cylindres munis de leurs formulaires et placés sur le rivage de telle sorte que l'eau les mît en mouvement, et, par cela même, exemptât leurs propriétaires de l'obligation de prier.

Je m'assis sur une banquette dans une salle où régnait un demi-jour ; les murs en étaient garnis des inévitables statues de Bouddha, de livres et de girouettes. Les lamas loquaces se mirent à m'expliquer la signification de chaque objet.

— Et ces livres-ci, leur demandai-je, se rapportent sans doute à la religion ?

— Oui, monsieur. Ce sont quelques tomes religieux qui traitent des premiers et des principaux rites de la vie commune. Nous possédons plusieurs parties des paroles de Bouddha consacrées au grand et indivisible Être divin, et à tout ce qui est sorti de ses mains.

— Parmi ces livres, n'existe-t-il pas quelques récits sur le prophète Issa ?

— Non, monsieur, me répondit le moine. Nous ne possédons que quelques principaux traités relatifs à l'observance des rites religieux, et quant aux biographies de nos saints, elles ont été recueillies à Lassa. Il y a même de grands couvents qui n'ont pas encore eu le temps de se les procurer. Avant de venir dans ce gonpa, je suis demeuré plusieurs années dans un grand couvent au delà du Ladak, et j'y ai vu des milliers de livres et de rouleaux copiés à diverses époques par les lamas du monastère.

Les ayant encore longuement interrogés, j'appris que le couvent en question se trouvait près de Leh. Mes instances réitérées eurent le don, paraît-il, de faire naître le soupçon dans l'esprit des lamas. C'est avec un véritable plaisir qu'ils me reconduisirent en bas, où je m'endormis, après une légère collation et après avoir chargé mon Indou de s'informer habilement près des jeunes lamas du couvent du nom du monastère où avait habité leur chef avant sa nomination à Lamayüre.

Levé dès l'aube, je continuai ma route et l'Indou m'apprit qu'il n'avait rien pu tirer des lamas qui se tenaient sur leurs gardes. Je ne m'arrêterai pas à décrire la vie des moines dans ces couvents, car elle est la même dans tous les cloîtres du Ladak. J'ai vu plus tard le célèbre monastère de Leh sur lequel je reviendrai avec force détails concernant surtout l'existence curieuse qu'y mènent les moines et les religieuses dont la vie est commune.

À Lamayüre commence une pente escarpée à travers un défilé étroit et sombre qui se dirige vers l'Ind.

Sans avoir aucune idée des dangers que présentait la descente, j'envoyai mes porteurs en avant et mis pied à terre sur une route assez douce qui passe entre des collines d'argile brune; mais bientôt le chemin me fit l'effet d'entrer dans un souterrain étroit et obscur, il serpentait comme une corniche aux flancs de la montagne escarpée, planant au-dessus d'un abîme effroyable ; un cavalier qui serait venu à ma rencontre n'eût certes pas pu passer. Toute description serait trop pâle pour rendre la beauté grandiose et farouche de cette gorge, dont les cimes dardent leurs crêtes vers le ciel. À certains endroits, le passage se resserre tellement que de ma selle, je pouvais atteindre avec le bout de ma canne le rocher opposé. D'autres fois, il semble que l'on doive mourir sur-le-champ là où on se trouve ; il était maintenant trop tard pour descendre de cheval ; en entrant seul dans cette gorge, je ne me doutais pas que j'aurais bientôt l'occasion de regretter ma folle imprudence. Cette gorge n'est autre qu'une énorme crevasse, due à quelque formidable tremblement de terre qui a violemment séparé deux énormes masses de rochers granitiques ; au fond du défilé, on voit courir un filet blanc à peine perceptible : c'est un torrent impétueux, dont le grondement sourd emplit le défilé d'un murmure mystérieux ; au-dessus du voyageur, plane un ruban bleu, étroit et plein de sinuosités, seule partie de la voûte céleste que laissent apercevoir les rocs de granit. C'était un plaisir exquis que cette vue majestueuse de la nature ; en même temps, cette paix sévère, le silence effrayant des montagnes et le murmure mélancolique de l'eau, dont les flots se brisaient sur des rocs de granit, m'emplissaient d'une angoisse invincible. Nous eûmes pendant près de huit milles à ressentir ces sensations à la fois douces et pénibles ; puis, après un détour à droite, notre troupe déboucha sur un petit vallon cerclé de rocs granitiques dont les cimes se mirent dans l'Ind ; sur les berges du fleuve se trouve la petite forteresse de Khalsi, forteresse célèbre datant de l'époque des invasions musulmanes et par où passe l'unique route du Kachmyr au Thibet.

Après avoir traversé l'Ind sur un pont à peu près suspendu, qui mène à la porte de la forteresse qu'on ne peut tourner, je traversai le vallon, puis le village de Khalsi, désireux de passer la nuit au hameau de Snourly situé dans la vallée du fleuve et construit en terrasses qui aboutissent à l'Ind. Je voyageai les deux jours suivants, tranquillement et sans difficultés à surmonter, le long des rives de l'Ind, dans une contrée pittoresque qui me conduisit à Leh, capitale du Ladak.

En traversant le petit vallon de Saspoula et près du village du même nom, sur une distance de plusieurs kilomètres aux environs, on rencontre des t'horthènes, des manés et deux couvents sur l'un desquels flotte le drapeau français. J'appris par la suite qu'un ingénieur français en avait fait don aux moines qui s'en servirent dans un but décoratif.

Je passai la nuit à Saspoula ; je n'oubliai certes pas de visiter les couvents ; je revis pour la dixième fois les éternelles et poussiéreuses idoles de Bouddha, des drapeaux et des oriflammes en tas dans un coin, des masques difformes gisant sur le sol, des livres, des rouleaux de papiers amoncelés sans ordre et une immense quantité de girouettes à prières. Les lamas éprouvent un plaisir particulier à faire cette exhibition ; ils ont l'air d'étaler à vos yeux les trésors de leur couvent et de se soucier fort peu de l'intérêt particulier que peut y prendre le voyageur. « Il nous faut tout faire voir, dans l'espérance que la vue seule de ces objets sacrés forcera le voyageur à croire à la grandeur divine de l'âme humaine. »

Quant au prophète Issa, on me fit les mêmes récits que j'avais déjà entendus ; j'appris, ce que je savais auparavant, que les livres qui pouvaient m'instruire sur lui se trouvaient à Lassa et que les grands monastères seuls en possédaient quelques copies. Je ne songeai plus à passer le Karakoroum, mais bien à retrouver l'histoire du prophète Issa, qui mettrait peut-être sous un certain jour la vie intime du meilleur des hommes et compléterait les données assez vagues que l'Évangile nous apprend sur Lui.

Un peu avant Leh, et à l'entrée de la vallée qui porte ce nom, notre route s'arrête près d'un rocher isolé, sur la pointe duquel sont construits un fort flanqué de deux tours et sans garnison et un petit couvent du nom de Pitak. Une montagne haute de 10 500 pieds protège l'entrée du Thibet. La route pointe ensuite brusquement vers le nord dans la direction de Leh, située à 11 500 pieds, à 6 milles de Pitak et au bas d'immenses colonnes granitiques, aux faîtes couverts de neiges éternelles et qui atteignent 18 à 19 000 pieds. La ville elle-même, entourée d'une ceinture de trembles rabougris, s'élève par terrasses successives que dominent un vieux fort et le palais des anciens souverains du Ladak. Vers le soir, je fis mon entrée dans Leh et descendis dans un bengalow construit spécialement pour les Européens que la route des Indes amène ici à l'époque des chasses.

LE LADAK

Le Ladak faisait jadis partie du Grand Thibet. Les fréquentes invasions qui venaient du nord et traversaient ce pays pour aller conquérir le Kachmyr et les guerres dont le Ladak fut le théâtre, non seulement le réduisirent à la misère, mais eurent encore ce résultat de le soustraire à la domination politique de Lassa, en le faisant passer d'un conquérant sous un autre. Les Musulmans, qui s'emparèrent à une époque reculée du Kachmyr et du Ladak, convertirent de force à l'islamisme les débiles habitants du Petit Thibet. L'existence politique du Ladak se termina lors de l'annexion par les Séïks de cette contrée au Kachmyr, ce qui permit aux Ladakiens de reprendre leurs anciennes croyances. Deux tiers des habitants en profitèrent pour réédifier leurs gonpas et reprendre leur vie passée. Seuls, les Baltistans demeurèrent musulmans-schiites, secte à laquelle les conquérants du pays avaient appartenu. Malgré cela, ils n'ont conservé qu'une teinte fort vague de l'islamisme, dont le caractère se révèle surtout dans leurs mœurs et dans la polygamie qu'ils mettent en pratique. Quelques lamas m'affirmèrent qu'ils ne désespéraient pas de les ramener un jour à la foi de leurs ancêtres.

Au point de vue religieux, le Ladak dépend de Lassa, capitale du Thibet et résidence du Dalaï-Lama ; c'est à Lassa que s'élisent les principaux Khoutoukhtes, ou lamas suprêmes, et les Chogzots ou ménagers. Politiquement, il est sous l'autorité du maharadja de Kachmyr qui y entretient un gouverneur.

Les habitants du Ladak appartiennent à la race chinoisetouranienne et se divisent en Ladakiens et Tchampas. Les Ladakiens mènent une existence sédentaire, bâtissent des villages le long de vallées étroites, habitent des maisons à deux étages où règne une assez grande propreté et cultivent quelques lopins de terre. Ils sont excessivement laids. De petite taille, maigre, le dos quelquefois voûté, et, entre des épaules fuyantes une tête petite aux pommettes saillantes, au front étroit et se dérobant, les yeux noirs et brillants de la race mongole, le nez écrasé, une bouche large aux lèvres amincies, le menton petit, garni d'un poil fort rare et où viennent se terminer les rides qui sillonnent deux joues creuses, tel est le Ladakien. À tout cela, ajoutez une tête rase de laquelle pend une toute petite natte de cheveux, vous aurez le type général des habitants non seulement du Ladak, mais du Thibet entier.

Les femmes sont également de petite taille et ont les pommettes proéminentes, mais elles sont d'une constitution beaucoup plus robuste, l'incarnat colore leurs joues et un sourire sympathique égaye leurs lèvres. D'une humeur très égale et très joyeuse, elles aiment beaucoup à rire.

La dureté du climat et l'âpreté du pays interdisent aux Ladakiens l'usage des vêtements riches et de couleurs variées. Leurs chemises sont de simple toile grise et de drap grossier qu'ils confectionnent chez eux. Leurs pantalons, de même étoffe, descendent jusqu'aux genoux. Les gens de condition aisée endossent encore le choga (sorte de pardessus). En hiver, ils portent un bonnet fourré à oreilles et en été se couvrent la tête d'un bonnet de drap dont la pointe pend sur le côté. Leurs chaussures sont en feutre recouvert de cuir. Tout un arsenal de menus objets pend à leur ceinture ; on y trouve une trousse à aiguilles, un couteau, une plume et un encrier, une blague à tabac, une pipe et l'inévitable girouette de prières.

Les Thibétains sont généralement d'une si grande paresse qu'une natte de cheveux qui vient de se dénouer ne se tresse plus de trois mois ; une fois leur chemise sur le corps, ils la gardent sans l'ôter jusqu'à ce qu'elle tombe en loques. Leur pardessus est toujours malpropre, et, dans le dos, on peut contempler une grande traînée huileuse qu'y imprime la natte de cheveux que l'on n'oublie pas de soigneusement graisser chaque jour. Ils se débarbouillent une fois par an, et ce, contraints par la loi et nullement de leur plein gré. Ils répandent une telle puanteur qu'on fait tout pour rester auprès d'eux le moins possible.

Par contre, les femmes sont très amoureuses de la propreté et de l'ordre. Elles se lavent toute la journée et à propos de tout. Une chemise courte et propre cache leur gorge éblouissante de blancheur ; la Thibétaine jette sur ses épaules rondes une camisole rouge dont les pans entrent dans un étroit pantalon de drap vert et rouge long d'à peu près deux mètres. Elle passe ce pantalon original de façon à le faire bouffer, ce qui protège les jambes contre le froid. Elle se chausse de bottines rouges brodées, garnies de fourrures à l'intérieur. Une large jupe de drap à plis nombreux complète sa toilette d'intérieur. Les Thibétaines tressent leurs cheveux en une natte mince et y fixent, à l'aide d'épingles, un large morceau de drap flottant qui rappelle un peu la coiffure des Italiennes ; au-dessous de cette sorte de voile, elles suspendent d'une façon bizarre divers cailloux aux couleurs voyantes, ainsi que des pièces de monnaie et des fragments de métal découpé ; elles recouvrent leurs oreilles de deux languettes de drap ou de fourrure ; par-dessus le corps, elles se jettent une peau fourrée de brebis qui ne leur couvre que le dos ; les femmes pauvres se contentent d'une simple peau d'animal, tandis que les femmes de condition aisée portent de véritables pelisses recouvertes de drap rouge et brodées de franges d'or. Soit qu'elles se promènent dans les rues ou qu'elles rendent visite à leurs voisines, les Ladakiennes portent toujours sur le dos un panier de forme tronc-conique, dont la petite base est tournée vers le sol ; elles l'emplissent de crottins de cheval et de bouses de vaches, qui constituent le combustible du pays. Chaque femme possède de l'argent qui lui appartient en propre ; elle le dépense en bibelots ; généralement elle s'achète, à peu de frais, de grands morceaux de turquoise, qui viennent s'ajouter aux ornements bizarres de sa coiffure. J'ai vu de ces pierres qui atteignaient jusqu'à cinq livres. La Ladakienne a une position sociale que lui envient toutes les femmes d'Orient, car elle est libre et respectée. À part quelques travaux champêtres, elle passe la plupart de son temps en visites ; il est à remarquer toutefois que les commérages sont chose inconnue ici.

La population fixe du Ladak se livre à l'agriculture, mais les habitants possèdent si peu de terre (la part de chacun peut s'élever à 4 hectares environ) que le revenu qu'ils en tirent ne peut suffire à défrayer leurs premiers besoins et ne leur permet pas d'acquitter les impôts. On dédaigne généralement les métiers manuels ; les artisans et les musiciens composent la plus basse classe de la société ; on lui donne le nom de Bem et on se garde bien de contracter alliance avec elle. Pendant les heures de loisir que leur laissent les travaux des champs, les habitants se livrent à la chasse des chèvres du Thibet, dont la fourrure est très appréciée aux Indes. Les plus pauvres, ceux qui n'ont pas de quoi s'armer pour la chasse, se louent comme coolies. C'est aussi l'occupation des femmes, qui sont très résistantes à la fatigue ; elles se portent beaucoup mieux que leurs maris dont la paresse va à ce point, que, sans se soucier ni du froid ni du chaud, ils sont capables de passer toute une nuit à la belle étoile étendus sur un lit de pierres.

La polyandrie (sur laquelle je reviendrai avec plus de détails) fait que tout le monde demeure uni et constitue de grandes familles cultivant en commun leurs terres, se servant pour cela d'yaks, de zos et de zomos (bœufs et vaches). Un membre de la famille ne peut s'en détacher, et s'il meurt, sa part rentre dans la communauté.

On ne sème guère que du blé ; les grains en sont très ténus, à cause de l'âpreté du climat ; on récolte aussi de l'orge qu'on pulvérise avant de le vendre. Une fois les travaux des champs terminés, tous les habitants mâles vont cueillir sur la montagne une herbe sauvage nommée « Enoriota » et de grandes épines ou « dama » ; ils en font du bois à brûler, car le combustible est chose rare au Ladak, on n'y voit ni bois ni jardins et ce n'est qu'exceptionnellement qu'on rencontre au bord des rivières de maigres bouquets de saules et de peupliers. Près des villages, on trouve aussi quelques trembles, mais, faute de terre fertile, le jardinage ne peut prendre d'extension.

L'absence de bois se remarque surtout dans les constructions qu'on dresse avec des briques séchées au soleil, et, ce qui se fait encore plus, avec des pierres de moyenne grandeur que l'on agglomère avec une sorte de mortier composé d'argile et de paille hachée. Les maisons des Ladakiens sédentaires ont deux étages ; la façade en est soigneusement blanchie, les châssis des fenêtres sont peints de couleurs vives ; le toit horizontal de la maison forme une terrasse que l'on décore de fleurs sauvages et où, pendant la belle saison, les habitants tuent le temps à contempler la nature et à faire tourner leurs pieuses girouettes. Chaque demeure se compose de plusieurs chambres ; entre autres, il existe une salle dont les murs sont décorés de superbes fourrures et qu'on réserve aux visiteurs ; dans les autres chambres, on trouve des lits et d'autres objets mobiliers. Les gens riches possèdent, en outre, une chambre spéciale remplie d'idoles et réservée pour les prières. La vie est ici très régulière. On mange de tout, sans grand choix, mais la nourriture principale des Ladakiens est des plus simples. Leur déjeuner du matin se compose d'un morceau de pain de seigle; à midi, on sert sur la table une jatte de farine, dans laquelle on verse de l'eau tiède, et on remue le tout avec de petites baguettes, jusqu'à ce que le mélange ait atteint la consistance d'une pâte épaisse ; on en détache de petites boules que l'on mange avec du lait. Le soir, on sert du pain et du thé; la viande est un luxe superflu ; il n'y a guère que les chasseurs qui introduisent un peu de variété dans leur alimentation, en se nourrissant de la chair de chèvres sauvages, d'aigles ou de faisans blancs qui sont assez communs dans ce pays. Dans la journée, on boit, à propos de tout, du tchang, sorte de bière blonde sans moût. S'il arrive qu'un Ladakien, monté sur un petit poney (ces heureux privilégiés sont fort rares) s'en aille chercher du travail aux environs, il se munit d'une petite provision de farine ; l'heure du dîner venue, il descend près d'une rivière ou d'une source, verse dans une tasse de bois qui ne le quitte jamais un peu de farine et d'eau qu'il pétrit et mange ensuite avec un peu d'eau.

Les Tchampas, ou nomades, composent l'autre partie de la population du Ladak ; ils sont beaucoup plus rudes et surtout beaucoup plus pauvres que les Ladakiens sédentaires. Ils sont pour la plupart de grands chasseurs et négligent complètement l'agriculture. Quoique professant la religion bouddhiste, ils ne fréquentent jamais les monastères, sauf quand ils ont besoin de farine qu'ils obtiennent en échange de leur gibier. Ils campent le plus souvent sous la tente au sommet des montagnes où le froid est très vif. Tandis que les Ladakiens proprement dits sont très désireux de s'instruire, d'une paresse incarnée et ignorent pour ainsi dire le mensonge, les Tchampas, au contraire, sont très irascibles, extrêmement vifs, très menteurs et professent un grand mépris pour les couvents. Parmi eux habite la petite peuplade des Khomba, venus des environs de Lassa et qui mènent l'existence misérable d'une troupe de bohémiens mendiants sur les routes. Incapables de tout travail, parlant une autre langue que celle du pays où ils quêtent leur vie, ils sont l'objet du mépris général ; on ne les tolère guère que par pitié pour leur déplorable condition, s'il arrive que la faim les jette en bandes à l'attaque d'un village.

La polyandrie qui règne dans toutes les familles eut le don de piquer fortement ma curiosité. Il n'y a, du reste, pas là une conséquence des doctrines de Bouddha. La polyandrie a existé bien longtemps avant l'apparition de Bouddha ; elle a pris aux Indes des proportions considérables où elle constitue un des plus énergiques moyens de contenir l'essor d'une population qui tend toujours à s'accroître. Encore maintenant, l'abominable coutume d'égorger les enfants nouveau-nés du sexe féminin fait de terribles ravages aux Indes ; les efforts des Anglais sont restés infructueux dans leur lutte contre la suppression des mères futures. Manou lui-même érigea la polyandrie en loi, et des prédicateurs bouddhistes, qui avaient abjuré le brahmanisme et prêchaient l'usage de l'opium, importèrent cette coutume dans l'île de Ceylan, au Thibet, en Mongolie et dans la Corée. Longtemps réprimée en Chine, la polyandrie, qui s'épanouit au Thibet et à Ceylan, se rencontre aussi chez les Kalmouks, entre Todas dans l'Inde méridionale, et Nairs sur la côte du Malabar. On retrouve des traces de cette constitution bizarre de la famille, chez les Tasmaniens et dans l'Amérique du Nord, chez les Iroquois.

Du reste la polyandrie a fleuri même en Europe, s'il faut en croire César, qui dit, dans son De Bello gallico liv. V, p. 17 : « Uxores habent deni duodenique inter se communes, et maximè fratres cum fratribus et parentes cum liberis. »

Il résulte de tout ceci qu'il est impossible de regarder la polyandrie comme un usage religieux. Au Thibet, elle peut s'expliquer par des motifs d'ordre économique, étant donnée la quantité infime de terre labourable dévolue à chaque habitant. Pour maintenir le chiffre de 150 0000 habitants répartis, au Thibet, sur une surface de 1 200 000 kilomètres carrés, les bouddhistes durent adopter la polyandrie ; chaque famille est en outre tenue de faire entrer un de ses membres dans les ordres. Le premier-né est voué à un gonpa, que l'on trouve immanquablement sur une hauteur, à l'entrée de chaque village. Dès que l'enfant a atteint l'âge de huit ans, on le confie aux caravanes qui passent et vont à Lassa, où il demeure de huit à quinze ans comme novice, dans un des gonpas qui entourent la ville ; il y apprend à lire, à écrire, étudie les rites religieux et les parchemins sacrés écrits dans la langue Pali, qui fut jadis la langue du pays de Maguada, où, suivant la tradition, naquit Bouddha Gothama. Le frère aîné choisit une épouse qui devient commune à tous les membres de sa famille. Le choix de la fiancée et la cérémonie nuptiale sont des plus rudimentaires. Lorsqu'une femme et ses maris ont décidé le mariage d'un de leurs fils, le frère aîné est chargé d'aller rendre visite à un voisin qui ait une fille à marier.

La première et la seconde visite se passent en conversations plus ou moins banales, entremêlées de fréquentes libations de tchang ; c'est en venant pour la troisième fois que le jeune homme déclare son intention de prendre femme. On amène alors la jeune fille, qui n'est pas une inconnue pour son fiancé, les femmes ne se voilant jamais la face, au Ladak.

On ne peut marier une jeune fille que si elle y consent ; en cas d'acceptation, le jeune homme emmène chez lui sa fiancée, qui devient sa femme et celle de ses frères. Une famille qui n'a qu'un fils l'envoie chez une femme qui n'a que deux ou trois maris, et à laquelle il s'offre pour remplir le rôle d'un quatrième époux. C'est une offre qu'on ne décline généralement pas, aussi le jeune homme s'installe-t-il de suite dans sa nouvelle famille.

Les parents demeurent avec les nouveaux mariés jusqu'à la naissance du premier enfant. Le lendemain du jour où la famille s'est accrue d'un nouveau membre, les parents abandonnent toute leur fortune aux jeunes époux, et s'en vont habiter quelque petite maison à l'écart.

On marie aussi quelquefois des enfants encore impubères, mais alors les nouveaux mariés vivent chacun de leur côté jusqu'à ce qu'ils aient atteint et même dépassé l'âge nubile. Une jeune fille qui devient grosse avant son mariage, non seulement n'est pas exposée au mépris de tous, mais, bien au contraire, chacun l'entoure des marques du plus grand respect, car elle est féconde, et une foule d'hommes briguent la faveur d'obtenir sa main. La femme a le droit d'avoir un nombre illimité de maris ou d'amants. Dans ce dernier cas, si elle a remarqué un jeune homme, elle l'emmène chez elle, éconduit tous ses maris, couche avec celui qu'elle aime, puis elle annonce qu'elle vient de prendre un amant « jing-tuh », nouvelle que les maris dépossédés de leurs fonctions reçoivent avec un certain plaisir qui n'est que plus vif si leur femme s'est montrée stérile pendant les trois premières années de son mariage. On se fait ici une idée fort vague de la jalousie. Le Thibétain est de sang trop froid pour connaître l'amour, qui, pour lui, serait presque un anachronisme, si même on ne voyait pas en lui une violation flagrante de l'usage qui veut que les femmes soient communes à tout le monde ; en un mot, l'amour passerait à leurs yeux pour un luxe que rien ne saurait justifier.

En cas d'absence d'un des maris, on offre sa place à un célibataire ou à un veuf, bien que ceux-ci soient en minorité ici, la femme survivant généralement à ses chétifs époux ; on choisit quelquefois un voyageur bouddhiste que ses affaires retiennent quelque temps dans le village. Un mari qui voyage ou qui cherche du travail dans les pays voisins, profite à chaque halte de l'hospitalité de ses coreligionnaires qui lui offrent leur propre femme. Si une femme est restée stérile, ses maris s'évertuent de toutes les façons pour engager les passants à descendre chez eux une nuit, dans l'espérance qu'ils les rendront pères.

Malgré sa situation particulière, la femme est entièrement libre dans le choix d'un mari ou d'un amant ; elle jouit de l'estime générale, elle est toujours de bonne humeur, prend part à tout ce qui se dit et va sans obstacle partout où il lui plaît, sauf dans la principale chambre des prières, au monastère, dont l'entrée lui est formellement interdite.

Les enfants ne connaissent que leur mère ; ils ne ressentent aucune affection pour leurs pères, pour cette excellente raison qu'ils en ont une infinité. Sans approuver la polyandrie, je ne saurais cependant la blâmer au Thibet ; sans elle, la population s'accroîtrait prodigieusement ; la famine et la misère s'abattraient sur toute la nation avec tout son cortège sinistre, meurtres, vols, etc., crimes qui jusqu'ici sont absolument inconnus dans le pays entier.

UNE FÊTE
DANS UN GONPA

Leh, capitale du Ladak, est une petite ville de cinq mille habitants, composée de deux ou trois rues aux maisons peintes en blanc. Au centre de la ville, se trouve la place carrée du bazar où les marchands de l'Inde, de la Chine, du Turkestan, de Kachmyr et du Thibet viennent échanger leurs produits contre de l'or thibétain que leur apportent les indigènes qui y viennent s'approvisionner de vêtements de drap pour leurs moines et y achètent les menus objets de première nécessité.

Un vieux palais complètement inhabité s'élève sur une colline qui domine la ville. Au centre même de Leh est situé un vaste bâtiment, élevé de deux étages, où réside le gouverneur du Ladak, le vizir Souradjbal, Pendjabien très sympathique qui a passé à Londres son doctorat en philosophie. Pour égayer mon séjour à Leh, le gouverneur fit organiser sur la place du bazar un polo, jeu national des Thibétains que les Anglais ont introduit d'ici en Europe : le soir, on donna des danses et des jeux devant la terrasse de son habitation. Plusieurs bûchers embrasés éclairaient vivement les habitants accourus en foule et formant un cercle au milieu duquel un groupe de personnages déguisés en bêtes, en diables et en sorcières se trémoussaient, sautaient, s'avançaient et tournaient en rond, exécutant des danses rythmées par la musique monotone et sans charme que faisaient entendre deux trompettes droites accompagnées d'un tambour.

Le tapage infernal et les huées continuelles de la foule me causaient une fatigue extrême. La cérémonie se termina par les danses gracieuses des Thibétaines, qui pivotaient sur leurs talons en se dandinant et, arrivées devant nos fenêtres, nous faisaient une profonde révérence, nous saluaient et faisaient cliqueter leurs bracelets de cuivre et d'ivoire en croisant leurs mains à la naissance des poignets.

Le lendemain, je partis de bon matin dans la direction d'un grand couvent nommé Himis et qui, dans un site pittoresque, se dresse au haut d'un roc, au milieu d'une vallée qui domine l'Ind. C'est un des principaux monastères du pays : les dons des habitants et les subsides envoyés de Lassa lui permettent de vivre. Sur la route qui mène au couvent, après avoir passé l'Ind par un pont près des nombreux villages, on trouve une infinité de manés avec des pierres remplies d'inscriptions gravées et des t'horthènes, que nos guides prenaient soin de tourner par la droite ; je voulus tourner mon cheval à gauche, mais les Ladakiens me firent revenir en arrière et conduisirent l'animal par la guide en m'expliquant qu'il était d'usage de tourner par la droite. Il me fut impossible de savoir l'origine de cette coutume.

Nous nous acheminâmes à pied vers le gonpa que domine une tour crénelée, visible de fort loin, et nous nous trouvâmes devant une grande porte peinte de couleurs éclatantes, faisant partie d'un vaste bâtiment à deux étages qui renferme une cour pavée de petits cailloux. À droite, dans un des angles, est une grande porte peinte et ornée de larges anneaux de cuivre. C'est l'entrée du temple principal que décorent les peintures des principales idoles et où l'on voit une grande statue de Bouddha flanquée d'une multitude de statuettes sacrées. À gauche est une vérandah ornée d'une immense girouette à prières ; tous les lamas du couvent avec leur lama en chef formaient cercle autour de la girouette. En bas, sous la vérandah, quelques musiciens tenaient en mains de longues trompettes et des tambours.

À droite de la cour, il y a une suite de portes donnant accès aux chambres des moines, toutes décorées de peintures sacrées, ornées de petites girouettes pieuses que surmontent des tridents peints en noir et rouge et dont les rubans d'étoffe sont surchargés d'inscriptions.

Au centre de la cour, se dressent deux grands mâts, à l'extrémité desquels flottent des queues d'yaks et de longs rubans de papier, recouverts de préceptes religieux. Le long des murs du couvent se trouvent des girouettes pieuses ornées de rubans.

Un profond silence régnait dans la cour : chacun attendait anxieusement le commencement d'un mystère religieux qu'on allait représenter. Nous avions pris place sur la vérandah, non loin des lamas ; presque aussitôt, les musiciens tirèrent de leurs trompettes des sons doux et monotones, en s'accompagnant d'un tambour bizarre, composé d'un cercle que supporte un bâton fiché dans le sol.

Aux premiers sons du chant mélancolique qu'accompagnait une musique bizarre, les portes qui donnaient le long des murs du couvent s'ouvrirent pour livrer passage à une vingtaine de personnages masqués, déguisés en animaux, oiseaux, diables et en monstres inimaginables. Sur la poitrine, ils portaient des dragons fantastiques, des démons et des têtes de mort brodées en soie chinoise de différentes couleurs. De leur coiffure, qui consistait en un chapeau de forme conique, retombaient sur la poitrine de longs rubans multicolores couverts d'inscriptions. Ils portaient sur la figure un masque représentant une tête de mort brodée de soie blanche. Dans cet appareil, ils firent lentement le tour des mâts qui se dressaient au milieu de la cour, étendant les bras de temps à autre, et jetant en l'air, de la main gauche, une sorte de cuiller dont la partie principale est un fragment de crâne humain, cerclé d'un ruban au bout duquel étaient fixés des cheveux humains qui provenaient, assurait-on, des ennemis qu'on avait scalpés. Leur promenade autour des mâts devint bientôt une sauterie indéterminée. À un roulement plus accentué du tambour, les danseurs s'arrêtèrent, puis repartirent, brandissant vers le ciel des baguettes jaunes, ornées de rubans, qu'ils tenaient de la main droite dans une attitude menaçante. Ils vinrent saluer le chef des lamas, puis s'approchèrent de la porte qui menait au temple.

À ce moment, d'autres personnages, la tête couverte d'un masque de cuivre, firent irruption des principales portes du temple ; leur vêtement se composait d'étoffes brodées de différentes couleurs ; d'une main, ils tenaient de petits tambourins et de l'autre, agitaient des clochettes. Une bille pendait le long de chaque tambourin, le moindre mouvement de la main la renvoyait contre la peau sonore, ce qui faisait un bruit étrange. Ces nouveaux danseurs firent plusieurs fois le tour de la cour, s'accompagnant de légers coups de tambourin ; après chaque couplet, ils faisaient un vacarme assourdissant en choquant leurs petits tambours tous en mesure, puis ils s'éloignaient en courant vers la porte d'entrée et venaient se ranger sur les marches de l'escalier.

Il y eut un instant de silence général, au bout duquel nous vîmes déboucher de la porte du temple un troisième groupe de gens déguisés ; leurs masques énormes représentaient différentes déités et portaient sur le front un troisième œil.

En tête, marchait Thlogan-Poudma Jungnas, littéralement « né dans la fleur de lotus ». Un autre masque, richement habillé, l'accompagnait, tenant un grand parasol jaune couvert de dessins. Sa suite se composait de dieux aux costumes magnifiques : Dorje-Trolong et Sangspa-Kourpo (c'est-à-dire Brahma lui-même) et autres. Ces masques, comme nous l'expliqua un lama assis à nos côtés, représentaient six classes d'êtres soumis aux métamorphoses, les dieux, les demi-dieux, les hommes, les animaux, les esprits et les démons.

De chaque côté de ces personnages qui s'avançaient gravement, marchaient d'autres masques dont les costumes de soie étaient de couleurs éclatantes ; sur leur tête étaient tressées des couronnes d'or portant une bordure de six fleurons, et, au centre, une haute flèche ; chaque masque tenait à la main un tambour.

Dans ce déguisement, ils firent trois fois le tour des mâts, aux sons d'une musique bruyante et incohérente et s'assirent par terre autour de Thlogan-Poudma-Jungnas, dieu à trois yeux, qui s'introduisit gravement deux doigts dans la bouche et fit entendre un coup de sifflet strident. À ce signal, des jeunes gens revêtus d'un costume guerrier, portant des chemises courtes, aux jambes des grelots terminés par des rubans flottant au vent, sur la tête de monstrueux masques peints en vert où flottaient des drapeaux rouges triangulaires, sortirent aussitôt du temple au pas de course. Faisant un tapage infernal avec leurs tambourins et leurs grelots, ils se mirent à tourner et danser autour des dieux assis à terre. Deux grands gaillards qui les accompagnaient et qui avaient endossé un costume collant de bouffon, exécutèrent toutes sortes de sauts et de mouvements grotesques ; l'un d'eux, tout en dansant, frappait sans cesse le tambour que tenait son compagnon ; la foule, satisfaite, payait leurs contorsions de ses éclats de rire.

Un nouveau groupe, dont le déguisement consistait en mitres rouges et en pantalons jaunes, sortit du temple, en tenant des grelots et des tambourins ; ils prirent place vis-à-vis des dieux, représentant le pouvoir le plus puissant après la divinité.

Enfin entrèrent en scène de nouveaux masques rouges et bruns, portant trois yeux peints sur la poitrine ; avec les précédents, ils formèrent deux rangées de danseurs qui, au son des tambourins et de la musique, exécutèrent une danse générale, tantôt s'approchant, tantôt s'éloignant, ici tournant en cercle et là formant une sorte de colonne, deux par deux. De temps à autre, ils faisaient des révérences, en guise de pauses.

Bientôt, cette scène qui nous ennuyait terriblement, commença un peu à se calmer ; dieux, demi-dieux, rois, hommes et esprits, se levèrent, et, suivis de tous les masques, se dirigèrent vers la porte principale du temple d'où sortirent gravement des gens déguisés en squelettes d'un travail absolument parfait. Toutes ces sorties étaient prévues et calculées. Chacune avait sa signification particulière. Le cortège des danseurs s'arrêta pour laisser passer les squelettes qui se dirigèrent à pas comptés jusqu'aux mâts, s'y arrêtèrent et firent claquer les morceaux de bois qui leur pendaient aux flancs et dont le son imitait le claquement des mâchoires ; ils firent encore deux fois le tour de la scène, la marche rythmée par les sons interrompus des tambours, et enfin entonnèrent un chant religieux. Ayant encore remué leurs mâchoires artificielles imitées dans la perfection et grincé fortement des dents, ils exécutèrent quelques contorsions pénibles à voir et enfin s'arrêtèrent.

À ce moment, on se saisit de l'image de l'ennemi des hommes, faite d'une sorte de pâte et placée au pied d'un des mâts, on la rompit, et les vieillards qui se trouvaient parmi les spectateurs en distribuèrent les morceaux aux squelettes, ce qui signifiait, paraît-il, qu'ils se tenaient prêts à les rejoindre bientôt au cimetière.

Le lama en chef, s'approchant de moi, me pria d'aller sur la terrasse principale, boire avec lui le tchang de fête. J'acceptai avec plaisir cette invitation, car la tête me tournait de tout le spectacle auquel je venais d'assister.

Après avoir traversé la cour et gravi un escalier rempli de girouettes pieuses, je franchis deux chambres où se trouvaient une quantité considérable d'images de dieux, débouchai sur la terrasse où je m'assis sur un banc, en face du lama vénérable dont les yeux étincelaient d'esprit.

Trois lamas apportèrent des cruches de tchang, qu'ils versèrent dans de petites tasses de cuivre qu'on offrit d'abord au lama en chef, puis à moi et à mes serviteurs.

— Notre petite fête vous a-t-elle fait plaisir ? me demanda le lama.

— Je la trouve fort belle, et vous me voyez encore sous l'impression du spectacle auquel je viens d'assister ; mais, je vous avoue n'avoir jamais soupçonné un instant que le bouddhisme, dans ses cérémonies religieuses, pût étaler une forme extérieure aussi voyante, pour ne pas dire criarde.

—Il n'y a pas de religion dont les cérémonies ne s'entourent de plus de formes théâtrales, me répondit le lama. Il y a là un côté rituel qui ne viole aucunement les principes fondamentaux du bouddhisme. C'est un moyen pratique pour maintenir la foule ignorante dans l'obéissance et l'amour de l'unique Créateur, de même qu'avec un jouet on maintient un enfant soumis à ses parents. Le peuple, la foule ignorante, voilà l'enfant du Père.

— Mais que signifient, lui dis-je, tous ces masques, ces costumes, grelots, danses et, d'une façon générale, le spectacle entier qui paraissait exécuté d'après un certain programme ?

— Nous avons plusieurs fêtes semblables dans l'année, répondit le lama, et nous convions des particuliers à représenter des mystères, qui ont une grande analogie avec les pantomimes, où chaque acteur peut exécuter, à peu près, tous les mouvements et gestes qui lui plaisent, en se conformant toutefois aux circonstances et en s'en tenant à une idée maîtresse. Nos mystères ne sont autre chose que des pantomimes qui doivent montrer les dieux jouissant de la vénération générale, vénération qui, en récompense, doit donner à l'homme la gaîté de l'âme que remplissent simultanément l'idée de mort inévitable et celle de vie future. Les acteurs reçoivent des vêtements appartenant au couvent, et ils jouent d'après des indications générales qui leur laissent pleine liberté pour les gestes. L'effet produit est fort beau, sans doute, mais c'est au peuple à deviner la signification de tel ou tel acte. Vous aussi recourez quelquefois à ce procédé, ce qui, cependant, n'altère en rien le principe même du monothéisme.

— Pardon, lui fis-je, mais cette masse d'idoles qui encombrent vos gonpas est une violation flagrante de ce principe !

— Ainsi que je vous l'ai déjà dit, répondit à mon interruption le lama, l'homme est et sera toujours en enfance. Il comprend tout, voit et sent la grandeur de la nature, mais il ne voit ni ne devine la grande âme qui créa et anima toutes choses. L'homme a toujours recherché les choses tangibles, il ne lui était pas possible de croire longtemps à ce qui échappait à ses sens matériels. Il s'est ingénié pour trouver le moyen de contempler le Créateur, il a cherché à entrer en relations directes avec celui qui lui fait tant de bien et aussi, comme il le croit à tort, tant de mal. C'est pour cela qu'il s'est mis à adorer chaque partie de la nature dont il recevait un bienfait. Nous en voyons un exemple frappant chez les anciens Égyptiens qui adoraient des animaux, des arbres et des pierres, les vents et les pluies. D'autres nations, plus enfoncées dans l'ignorance, s'apercevant que les résultats du vent n'étaient pas toujours du bonheur et que la pluie n'amenait pas inévitablement avec elle une bonne récolte, voyant les animaux se dérober à l'obéissance des hommes, se mirent à chercher des intermédiaires directs entre eux-mêmes et la grande force mystérieuse et insondable du Créateur. Aussi se sont-ils fait des idoles qu'ils ont regardées comme neutres pour tout ce qui les entourait et à l'entremise desquelles ils ont toujours eu recours. Dès la haute antiquité et jusqu'à nos jours, l'homme n'a jamais tendu que vers la réalité tangible. En cherchant la route qui devait les conduire aux pieds du Créateur, les Assyriens ont tourné leurs regards vers les astres, qu'ils contemplaient sans pouvoir les atteindre. Les Guèbres ont conservé cette croyance jusqu'à maintenant. Dans leur nullité et l'aveuglement de leur esprit, les hommes sont incapables de concevoir le lien invisible et spirituel qui les unit à la grande Divinité : ce qui explique pourquoi ils ont recherché des choses palpables qui fussent du domaine des sens ; c'est ainsi qu'ils portèrent une grande atténuation au principe divin. Toutefois, ils n'ont jamais osé attribuer aux images visibles et sorties de leurs mains une existence divine et éternelle. Nous pouvons voir le même fait dans le brahmanisme, où l'homme, abandonné à son penchant pour la forme extérieure, s'est créé peu à peu, et non tout d'une pièce, une armée de dieux et de demi-dieux. C'est peut-être le peuple israélite qui a démontré de la façon la plus flagrante l'amour de l'homme pour tout ce qui est concret ; malgré une série de miracles éclatants accomplis par le grand Créateur, qui est le même pour tous les peuples, le peuple d'Israël n'a pu s'empêcher de fondre un dieu de métal, à la minute même où son prophète Mossa s'entretenait avec le Créateur ! Le bouddhisme est passé par les mêmes modifications. C'est notre grand réformateur Çakya-Mouni, inspiré par le suprême Juge, qui comprenait véritablement la majesté une et indivisible de Brahma et avait fait tous ses efforts pour empêcher qu'on ne confectionnât des images qui devaient, paraît-il, lui ressembler ; il s'était ouvertement séparé des brahmines polythéistes et avait prêché la pureté et l'immortalité de Brahma. Le succès qu'il a trouvé avec ses disciples auprès de la population lui a valu d'être persécuté par les brahmines qui, à créer de nouveaux dieux, s'étaient trouvé une source de revenus personnels et qui, contrairement à la loi de Dieu, traitaient le peuple d'une façon despotique. Nos premiers prédicateurs sacrés, auxquels on donne chez nous le nom de bouddhas, ce qui veut dire savants et saints, parce que le Grand Créateur s'est incarné en eux, se sont établis dans différentes contrées du globe. Comme leurs sermons visaient surtout, pour l'attaquer, la tyrannie des brahmines et l'exploitation de l'idée de Dieu qui était pour eux un véritable commerce, la presque totalité des bouddhistes (c'est-à-dire ceux qui ont suivi la doctrine des saints prédicateurs) s'est rencontrée dans le bas peuple de la Chine et de l'Inde. Parmi ces prédicateurs sacrés, on entoure d'une vénération particulière le bouddha Çakya-Mouni connu en Chine aussi sous le nom Fô, qui vécut il y a trois mille ans et dont la prédication ramena la Chine entière dans la voie du vrai Dieu, et le bouddha Gothama, qui vivait il y a deux mille cinq cents ans et qui convertit près de la moitié des Indous à la parole du Dieu impersonnel, invisible et seul de son espèce. Le bouddhisme se divise en plusieurs sectes qui ne diffèrent d'ailleurs l'une de l'autre que par certaines cérémonies religieuses, le fond de la doctrine étant partout le même. Les bouddhistes thibétains, auxquels on donne le nom de Lamaïstes, se sont séparés des Foïstes, il y a quinze cents ans. Jusqu'alors, nous avions fait partie des adorateurs du bouddha Fô Çakya-Mouni, qui, le premier, avait réuni toutes les lois édictées par les différents bouddhas, lors du grand schisme qui s'était produit au sein du brahmanisme. Plus tard, un khoutoukhte mongol a traduit en chinois les livres du grand Bouddha, ce dont l'empereur de Chine l'a récompensé en lui accordant le titre de Go-Chi — précepteur du roi — ; après sa mort ce titre de Go-Chi était donné au Dalaï-Lama du Thibet. Depuis cette époque, tous les titulaires de ce poste ont porté le titre de Go-Chi ; notre religion elle-même s'est appelée lamaïque[1]. Elle admet des moines rouges et des moines jaunes. Ceux-là peuvent se marier et reconnaissent l'autorité du Bantsine, qui réside à Téchow Loumba et qui est le chef de l'administration civile du Thibet ; nous autres, lamas jaunes, avons prononcé le vœu du célibat et notre chef direct est le Dalaï-Lama. Voilà la différence qui sépare ces deux ordres religieux, dont le rituel est identique.

— Tous organisent-ils des mystères semblables à ceux auxquels je viens d'assister ?

— Oui, à peu d'exceptions près. Jadis, ces fêtes eurent une pompe très solennelle, mais, depuis la conquête du Ladak, nos couvents ont été mis plus d'une fois au pillage et nos richesses dérobées. Maintenant, nous nous contentons de vêtements blancs et d'ustensiles de bronze, alors que, dans le Thibet même, on ne voit qu'or et que tissus d'or.

— Dans une visite récente que je fis à un gonpa, un des lamas m'a entretenu d'un prophète, ou, comme vous le nommez, d'un bouddha du nom d'Issa. N'auriez-vous rien à m'apprendre sur son existence ? demandai-je à mon interlocuteur, saisissant un moment favorable pour aborder le sujet auquel je portais un si vif intérêt.

— Le nom d'Issa est très respecté parmi les bouddhistes, me répondit-il, mais il n'est guère connu que des Lamas en chef qui ont lu les rouleaux relatifs à sa vie. Il y a eu une infinité de bouddhas semblables à Issa, et les 84 000 rouleaux qui existent regorgent de détails sur chacun d'eux ; mais bien peu de gens en ont lu la centième partie. Pour se conformer à la coutume établie, chaque élève ou lama qui a visité Lassa, ne manque pas de faire cadeau d'une ou de plusieurs copies au couvent auquel il appartient ; notre gonpa, entre autres, en possède déjà un grand nombre, que je lis à mes heures de loisir. Parmi ces copies, se trouvent des descriptions de la vie et des actes du bouddha Issa, qui prêcha la doctrine sainte dans l'Inde et chez les fils d'Israël et qui fut mis à mort par des païens dont les descendants adoptèrent les croyances qu'il répandait, et ces croyances sont les vôtres. Le grand Bouddha, âme de l'univers, est l'incarnation de Brahma ; il demeure immobile presque toujours, renfermant en lui toutes choses, depuis l'origine des êtres, et son souffle vivifie le monde. Il a abandonné l'homme à ses propres forces ; à certaines époques, il sort cependant de son inaction et revêt une forme humaine pour essayer d'arracher ses créatures à une perte irrémédiable. Au cours de son existence terrestre, Bouddha crée un nouveau monde au milieu des gens égarés, puis quitte de nouveau la terre pour redevenir un être invisible et reprendre sa vie de félicité parfaite. Il y a trois mille ans, le grand Bouddha s'est incarné dans le célèbre prince ÇakyaMouni, en soutenant et en propageant les doctrines de ses vingt incarnations. Il y a deux mille cinq cents ans, la grande âme du Monde s'est incarnée à nouveau dans Gothama, jetant les fondements d'un nouveau monde en Birmanie, à Siam et dans différentes îles. Bientôt après, le bouddhisme a commencé à pénétrer en Chine, grâce à la persévérance des sages qui s'appliquaient à propager la doctrine sainte, et sous Ming-Ti de la dynastie Honi, vers 2050, la doctrine de Çakya-Mouni reçut l'adoption du peuple. Simultanément avec l'apparition du bouddhisme en Chine, la doctrine commence à se répandre parmi les Israélites. Il y a environ deux mille ans, l'Être parfait, rompant encore pour quelque temps avec son inaction, s'est incarné dans le nouveau-né d'une famille pauvre ; il voulait qu'une bouche enfantine, employant des images populaires, éclairât les malheureux sur la vie d'outre-tombe et ramenât les hommes dans le chemin du vrai, en leur indiquant, par son propre exemple, la voie qui les pourrait le mieux conduire à la pureté morale originelle. Lorsque l'enfant sacré eut atteint un certain âge, on l'emmena aux Indes où, jusqu'à l'âge d'homme, il étudia toutes les lois du grand Bouddha qui réside éternellement dans le ciel.

— Dans quelle langue sont rédigés les principaux rouleaux relatifs à la vie d'Issa ? fis-je, en me disposant à me lever, car mon interlocuteur, si intéressant pour moi, ressentait un peu de fatigue et venait de faire tourner une petite girouette pieuse pour mettre fin à notre conversation.

— Des rouleaux, apportés de l'Inde à Nepal et de Nepal au Thibet, relatifs à l'existence d'Issa, sont écrits dans la langue Pali, et se trouvent actuellement à Lassa, mais une copie en notre langue, je veux dire dans la langue thibétaine, existe chez nous.

— Comment regarde-t-on Issa au Thibet ? Y a-t-il la réputation d'un saint ?

— Le peuple ignore même son existence ; il n'y a guère que les grands lamas qui le connaissent pour s'être livrés à l'étude des rouleaux où sa vie est relatée. Mais comme sa doctrine ne constitue pas une partie canonique du bouddhisme et que les adorateurs d'Issa ne reconnaissent pas l'autorité du Dalaï-Lama, on ne reconnaît pas, au Thibet, le prophète Issa (de même que beaucoup de ses semblables) pour un des saints principaux.

— Commettriez-vous un péché si vous récitiez ces copies à un étranger, lui demandai-je ?

— Ce qui appartient à Dieu, me répondit-il, appartient aussi aux hommes ; notre devoir nous oblige à nous prêter de bonne grâce à la propagation de sa doctrine ; seulement, j'ignore où se trouvent ces papiers. Si vous visitez jamais notre gonpa, je me ferai un plaisir de vous les montrer.

À ce moment, deux moines entrèrent, prononcèrent quelques mots inintelligibles pour moi et s'en furent.

—On m'appelle pour les sacrifices. Veuillez donc m'excuser, me dit le lama, qui, après un salut, se dirigea vers la porte et disparut.

Je n'avais pas mieux à faire qu'à me retirer et m'aller coucher dans la chambre qui m'était affectée ; j'y passai la nuit entière, après avoir bu du lait et pris quelque nourriture.

Le lendemain soir, j'étais arrivé à Leh, songeant aux moyens qui pourraient me permettre de revenir au couvent.

Deux jours après, par un exprès, j'expédiai au lama en chef un cadeau consistant en un réveil-matin, une montre et un thermomètre ; je lui faisais annoncer qu'avant de quitter le Ladak, je retournerais probablement au couvent, dans l'espoir qu'il ne se refuserait pas à me faire voir le livre qui avait fait le sujet de notre entretien.

J'avais formé le projet de gagner le Kachmyr et d'en repartir quelque temps après pour Himis, mais le sort en décida autrement. En passant devant une montagne au haut de laquelle perche le gonpa de Piatak, mon cheval fit un faux pas et je tombai à terre si malheureusement que je me cassai la jambe droite au-dessous du genou. Il m'était impossible de continuer mon voyage ; je n'avais pas envie non plus de retourner à Leh, et la perspective de demander l'hospitalité au gonpa de Piatak, et de demeurer dans le bouge infect de ce couvent, ne m'enchantait pas outre mesure. J'ordonnai donc qu'on me transportât à Himis, où je pouvais arriver après une bonne demi-journée de trajet au pas. On pansa la jambe blessée, opération qui me causa d'intolérables souffrances, et l'on me hissa en selle ; un porteur soutenait ma jambe malade, un autre conduisait mon cheval par la bride. Nous franchîmes le seuil des portes d'Himis à une heure fort avancée de la soirée. Apprenant mon accident, tous les gens enfermés sortirent à ma rencontre, me transportèrent avec un luxe de précautions extraordinaire dans la meilleure de leurs chambres, me couchèrent sur une montagne d'objets mous, et placèrent une girouette pieuse auprès de ce lit improvisé. Tout cela se passait sous la surveillance directe de leur supérieur, qui serra affectueusement la main que je lui tendais pour le remercier de sa bonté.

Au matin, j'entourai moi-même l'endroit malade de petites planchettes oblongues que je réunis entre elles à l'aide de ficelles. Je m'efforçai de ne point faire de mouvements superflus ; le résultat favorable ne se fit pas attendre ; deux jours après, j'étais en état de quitter le gonpa et de me diriger lentement vers les Indes pour chercher un médecin.

Pendant qu'un jeune garçon mettait en branle la roue à prières qui était près de mon lit, le vénérable vieillard qui dirigeait le gonpa m'amusait avec des récits pleins d'intérêt ; il sortait souvent de leur étui mon réveil-matin et ma montre, me questionnant sur la façon de les remonter et l'usage auquel ils servaient. Accédant enfin à mes vives instances, il finit par m'apporter deux gros livres cartonnés dont les grandes feuilles étaient en papier jauni par le temps ; il me lut alors la biographie d'Issa que je notai soigneusement sur mon carnet de voyage d'après la traduction que m'en faisait mon interprète. Ce curieux document est rédigé sous forme de versets isolés, qui, bien souvent, ne se rattachent pas les uns aux autres.

Le troisième jour, ma santé s'améliora au point de me permettre de continuer ma route. Après m'être soigné la jambe, je rebroussai chemin en me dirigeant vers les Indes à travers le Kachmyr. Ce furent vingt jours d'un lent voyage, rempli d'intolérables souffrances ; mais, grâce à une litière qu'un Français, M. Peicheau, m'envoya obligeamment (je profite de l'occasion pour le remercier de sa gracieuse hospitalité), et à un ukase du grand-vizir du maharadja de Kachmyr intimant aux autorités l'ordre de me fournir de porteurs, je pus gagner Srinagar, d'où je repartis presque de suite, voulant gagner les Indes avant les premières chutes de neige.

À Muré, je rencontrai un autre Français, le sympathique comte André de Saint-Phall qui faisait un voyage d'agrément à travers l'Hindoustan. Pendant tout le parcours que nous fîmes ensemble jusqu'à Bombay, le jeune comte se montra rempli d'une touchante sollicitude pour moi que ma jambe brisée et la fièvre qui me minait accablaient d'intolérables douleurs. Je lui en garde une sincère reconnaissance et jamais je n'oublierai les soins amicaux que m'ont prodigués, quand j'arrivai à Bombay, le marquis de Morès, le vicomte de Breteuil, M. Monod, du Comptoir d'Escompte, M. Moët, gérant du Consulat, et tous les Français de la très sympathique colonie française.

Il y avait fort longtemps que je mûrissais le projet de publier les mémoires sur la vie de Jésus-Christ que j'avais trouvés à Himis dont j'ai parlé plus haut ; mais toutes sortes d'affaires avaient complètement absorbé mon temps. Ce n'est qu'aujourd'hui, après avoir passé de longues nuits blanches à coordonner toutes mes notes, après avoir groupé les versets conformément à la marche du récit et imprimé à tout l'ouvrage un caractère d'unité, que je me résous à faire voir le jour à la curieuse copie que voici.

LA VIE DE SAINT ISSA
LE MEILLEUR DES FILS DES HOMMES

I

1. La terre a tressailli et les cieux ont pleuré à cause du grand crime qui vient d'être commis dans le pays d'Israël.

2. Car on venait d'y torturer et d'y exécuter le grand juste Issa en qui résidait l'âme de l'univers,

3. Laquelle s'était incarnée dans un simple mortel, afin de faire du bien aux hommes et d'exterminer les mauvaises pensées.

4. Et afin de ramener à la vie de la paix, de l'amour et du bien, l'homme dégradé par les péchés et pour lui rappeler l'unique et indivisible Créateur dont la miséricorde est infinie et sans bornes.

5. Voici ce que racontent à ce sujet des marchands venus d'Israël.

II

1. Le peuple d'Israël qui habitait un sol très fertile donnant deux moissons par an et qui possédait de grands troupeaux, excita par ses péchés la colère de Dieu

2. Qui lui infligea un châtiment terrible en lui enlevant la terre, les bestiaux et toute sa fortune ; Israël fut réduit en esclavage par des pharaons puissants et riches qui régnaient alors en Égypte.

3. Ceux-ci traitaient les Israélites plus mal que des animaux, les chargeaient de travaux difficiles et les mettaient aux fers ; ils couvraient leurs corps de blessures et de plaies sans leur donner d'aliments ni leur permettre de demeurer sous un toit,

4. Pour les maintenir dans un état de frayeur continuelle et leur ôter toute ressemblance humaine ;

5. Et dans sa grande calamité, le peuple d'Israël, se souvenant de son protecteur céleste, s'adressa à lui et implora sa grâce et sa miséricorde.

6. Un illustre pharaon régnait alors en Égypte, lequel se rendit célèbre par ses nombreuses victoires, les richesses qu'il avait amoncelées et les vastes palais que ses esclaves lui avaient érigés de leurs propres mains.

7. Ce pharaon avait deux fils dont le cadet s'appelait Mossa; des savants Israélites lui enseignaient diverses sciences.

8. Et l'on aimait Mossa en Égypte pour sa bonté et la compassion qu'il témoignait à tous ceux qui souffraient.

9. En voyant que les Israélites ne voulaient pas, malgré les intolérables souffrances qu'ils enduraient, abandonner leur Dieu pour adorer ceux qu'avait créés la main de l'homme et qui étaient les dieux de la nation égyptienne,

10. Mossa crut en leur dieu invisible qui ne laissait pas fléchir leurs forces faiblissantes,

11. Et les précepteurs israélites animaient l'ardeur de Mossa et recouraient à lui, le priant d'intercéder auprès du Pharaon, son père, en faveur de ses coreligionnaires.

12. Le prince Mossa s'en fut prier son père d'adoucir le sort des malheureux, mais le Pharaon s'emporta contre lui et ne fit qu'augmenter les tourments que subissaient ses esclaves.

13. Il arriva que, peu de temps après, un grand malheur visita l'Égypte ; la peste vint y décimer jeunes et vieux, bien portants et malades ; le Pharaon crut à un ressentiment de ses propres dieux contre lui ;

14. Mais le prince Mossa dit à son père que c'était le Dieu de ses esclaves qui intercédait en faveur de ces malheureux et punissait les Égyptiens ;

15. Le Pharaon intima alors à Mossa, son fils, l'ordre de prendre tous les esclaves de race juive, de les conduire hors de la ville et de fonder, à une grande distance de la capitale, une autre cité où il demeurerait avec eux.

16. Mossa fit savoir aux esclaves hébreux qu'il les avait affranchis au nom de son Dieu, le Dieu d'Israël ; il sortit avec eux de la ville et de la terre d'Égypte.

17. Il les conduisit donc dans la terre qu'ils avaient perdue par trop de péchés, il leur donna des lois et leur recommanda de prier toujours le Créateur invisible dont la bonté est infinie.

18. À la mort du prince Mossa, les Israélites observèrent rigoureusement ses lois ; aussi Dieu les récompensa-t-il des maux auxquels ils avaient été exposés en Égypte.

19. Leur royaume devint le plus puissant de toute la terre, leurs rois se rendirent célèbres par leurs trésors, et une longue paix régna dans le peuple d'Israël.

III

1. La gloire des richesses d'Israël se répandit par toute la terre, et les nations voisines lui portèrent envie,

2. Mais le Très-Haut conduisait lui-même les armes victorieuses des Hébreux et les païens n'osèrent les attaquer.

3. Malheureusement, comme l'homme ne s'obéit pas toujours à lui-même, la fidélité des Israélites à leur Dieu ne dura pas longtemps.

4. Ils commencèrent par oublier toutes les faveurs dont il les avait comblés, n'invoquèrent plus que très rarement son nom et demandèrent protection à des magiciens et à des sorciers ;

5. Les rois et les capitaines substituèrent leurs propres lois à celles que Mossa leur avait rédigées ; le temple de Dieu et les pratiques du culte furent délaissés, le peuple s'adonna aux plaisirs et perdit sa pureté originelle.

6. Plusieurs siècles s'étaient écoulés depuis leur sortie d'Égypte, lorsque Dieu pensa de nouveau à exercer ses châtiments contre eux.

7. Des étrangers commencèrent à envahir le pays d'Israël, en dévastant les terres, ruinant les villages et emmenant les habitants en captivité.

8. Il vint une fois des païens de par delà les mers, du pays de Romèles ; ils soumirent les Hébreux et instituèrent des chefs d'armée qui, par délégation du César, les gouvernèrent.

9. On détruisit les temples ; on obligea les habitants à ne plus adorer le Dieu invisible et à sacrifier des victimes aux dieux païens.

10. On fit des guerriers de ceux qui avaient été nobles ; les femmes furent ravies à leurs époux ; le bas peuple, réduit en esclavage, fut envoyé par milliers au delà des mers.

11. Quant aux enfants, on les passait au fil de l'épée ; bientôt, dans tout le pays d'Israël, on n'entendit plus que des sanglots et des gémissements.

12. Dans cette détresse extrême, les habitants se souvinrent de leur grand Dieu ; ils implorèrent sa grâce et le supplièrent de leur pardonner ; notre Père, dans sa bonté inépuisable, écouta leur prière.

IV

1. En ce temps-là, vint le moment que le Juge plein de clémence avait choisi pour s'incarner dans un être humain.

2. Et l'Esprit éternel, qui demeurait dans un état d'inaction complète et de suprême béatitude, se réveilla et se détacha, pour une période indéterminée, de l'Être éternel,

3. Afin d'indiquer, en revêtant une image humaine, les moyens de s'identifier avec la Divinité et de parvenir à la félicité éternelle.

4. Et pour montrer, par son exemple, comment on pouvait arriver à la pureté morale et séparer l'âme de son enveloppe grossière pour qu'elle pût atteindre à la perfection qui lui était nécessaire pour passer dans le royaume du Ciel qui est immuable et où règne le bonheur éternel.

5. Bientôt après, un enfant merveilleux naquit dans la terre d'Israël ; Dieu lui-même parlait par la bouche de cet enfant des misères corporelles et de la grandeur de l'âme.

6. Les parents du nouveau-né étaient de pauvres gens, appartenant par leur naissance à une famille d'une piété insigne, qui oubliait son ancienne grandeur sur terre pour célébrer le nom du Créateur et le remercier des malheurs dont il se plaisait à l'éprouver.

7. Pour la récompenser de ne pas s'être laissé détourner de la voie de la vérité, Dieu bénit le premier-né de cette famille ; il le choisit pour son élu et l'envoya soutenir ceux qui étaient tombés dans le mal et guérir ceux qui souffraient.

8. Le divin enfant, à qui l'on donna le nom d'Issa, commença dès ses plus tendres ans à parler du Dieu unique et indivisible, exhortant les âmes égarées à se repentir et à se purifier des péchés dont elles s'étaient rendues coupables.

9. On venait l'écouter de partout et l'on s'émerveillait des propos qui sortaient de sa bouche enfantine ; tous les Israélites tombèrent d'accord pour dire que l'Esprit éternel habitait en cet enfant.

10. Lorsqu'Issa eut atteint l'âge de treize ans, époque où un Israélite doit prendre femme,

11. La maison où ses parents gagnaient leur vie, moyennant un travail modeste, commença à être un lieu de réunion pour les gens riches et nobles, qui voulaient avoir pour gendre le jeune Issa, déjà célèbre par ses discours édifiants au nom du Tout-Puissant ;

12. C'est alors qu'Issa quitta clandestinement la maison paternelle, sortit de Jérusalem et, avec des marchands, se dirigea vers le Sindh,

13. Dans le but de se perfectionner dans la parole divine et d'étudier les lois des grands Bouddhas.

V

1. Au cours de sa quatorzième année, le jeune Issa, béni de Dieu, vint en deçà du Sindh et s'établit parmi les Aryas, dans le pays chéri de Dieu.

2. La renommée alla répandre le nom du merveilleux enfant le long du Sindh septentrional ; quand il traversa le pays des cinq rivières et le Radjipou-

tan, les fervents du dieu Djaïne le prièrent de demeurer parmi eux.

3. Mais il quitta les admirateurs fourvoyés de Djaïne et s'en fut à Djagguernat, dans la contrée d'Orsis, où repose la dépouille mortelle de Viassa-Krichna et où les prêtres blancs de Brahma lui firent un joyeux accueil.

4. Ils lui apprirent à lire et à comprendre les Vèdas, à guérir à l'aide de prières, à enseigner et à expliquer l'Écriture Sainte au peuple, à chasser l'esprit malin du corps de l'homme et à lui rendre l'image humaine.

5. Il passa six ans à Djagguernat, à Radjagriha, à Bénarès et dans les autres villes saintes ; tout le monde l'aimait, car Issa vivait en paix avec les Véises et les Soudras à qui il enseignait l'Écriture Sainte.

6. Mais les Brahmines et les Kchatrias lui dirent que le grand Para-Brahma leur défendait de se rapprocher de ceux qu'il avait créés de son ventre et de ses pieds ;

7. Que les Véises n'étaient autorisés qu'à entendre la lecture de Vèdes et ce, aux jours de fête seulement,

8. Qu'il était interdit aux Soudras, non seulement d'assister à la lecture de Vèdes, mais même de les contempler ; car leur condition était de servir à perpétuité et comme esclaves, les Brahmines, les Kchatrias et les Véises eux-mêmes ;

9. « Seule, la mort peut les affranchir de leur servitude », a dit Para-Brahma. « Quitte-les donc et viens adorer avec nous les dieux qui s'irriteront contre toi, si tu leur désobéis. »

10. Mais Issa n'écouta pas leurs discours et s'en fut chez les Soudras prêcher contre les Brahmines et les Kchatrias.

11. Il s'éleva fortement contre le fait que s'arroge un homme de dépouiller ses semblables de leurs droits d'homme ; en effet, disait-il, « Dieu le Père n'établit aucune différence entre ses enfants qui tous lui sont également chers ».

12. Issa nia l'origine divine des Vèdas et des Pouranas, car, enseignait-il à ceux qui le suivaient, une loi a été donnée à l'homme pour le guider dans ses actions :

13. « Crains ton Dieu, ne fléchis les genoux que devant lui seul et n'apporte qu'à lui seul les offrandes qui proviennent de tes gains. »

14. Issa nia la Trimourti et l'incarnation de Para-Brahma en Vischnou, Siva et autres dieux ; car, disait-il :

15. « Le Juge éternel, l'Esprit éternel composent l'âme unique et indivisible de l'univers, laquelle, seule, crée, contient et vivifie le tout. »

16. « Il n'y a que lui seul qui ait voulu et créé, que lui qui existe depuis l'éternité et dont l'existence n'aura pas de fin ; il n'a pas de semblables ni aux cieux, ni sur terre. »

17. « Le grand Créateur n'a partagé son pouvoir avec personne, encore moins avec des objets inanimés, ainsi que l'on vous l'a enseigné, car lui seul possède la toutepuissance. »

18. « Il a voulu, et le monde a paru ; d'une pensée divine, il a réuni les eaux et en a séparé la partie sèche du globe. Il est la cause de la vie mystérieuse de l'homme en qui il a soufflé une partie de son être. »

19. « Et il a subordonné à l'homme les terres, les eaux, les bêtes et tout ce qu'il a créé et que lui-même conserve dans un ordre immuable, en fixant à chaque chose sa durée propre. »

20. « La colère de Dieu se déchaînera bientôt sur l'homme, car il a oublié son Créateur, il a rempli ses temples d'abominations, et il adore une foule de créatures que Dieu lui a subordonnées. »

21. « Car, pour complaire à des pierres et à des métaux, il sacrifie des êtres humains en qui réside une partie de l'esprit du Très-Haut. »

22. « Car il humilie ceux qui travaillent à la sueur de leur front pour acquérir la faveur d'un fainéant qui est assis à une table somptueusement garnie. »

23. « Ceux qui privent leurs frères du bonheur divin en seront privés eux-mêmes, et les Brahmines et les Kchatrias deviendront les Soudras des Soudras avec qui l'Éternel se trouvera éternellement. »

24. « Parce qu'au jour du Jugement dernier, les Soudras et les Véises seront pardonnés à cause de leur ignorance et que Dieu, au contraire, fera sévir son

courroux sur ceux qui se seront arrogé ses droits. »

25. Les Véises et les Soudras furent frappés d'une vive admiration et demandèrent à Issa comment il leur fallait prier pour ne pas perdre leur félicité.

26. « N'adorez pas les idoles, car elles ne vous entendent pas ; n'écoutez pas les Vèdas, où la vérité est altérée ; ne vous croyez pas les premiers partout et n'humiliez pas votre prochain. »

27. « Aidez les pauvres, soutenez les faibles, ne faites de mal à qui que ce soit, ne convoitez pas ce que vous n'avez pas et ce que vous voyez chez les autres. »

VI

1. Les prêtres blancs et les guerriers, ayant connu le discours qu'Issa adressait aux Soudras, résolurent sa mort et envoyèrent à cet effet leurs domestiques pour rechercher le jeune prophète.

2. Mais Issa, averti du danger par les Soudras, quitta nuitamment les environs de Djagguernat, gagna la montagne et se fixa dans le pays des Gaoutamides où avait vu le jour le grand bouddha Çakya-Mouni, au milieu du peuple qui adorait l'unique et sublime Brahma.

3. Après avoir appris dans la perfection la langue pali, le juste Issa s'adonna à l'étude des rouleaux sacrés de Soutras.

4. Six ans après, Issa que le Bouddha avait élu pour répandre sa parole sainte, savait expliquer parfaitement les rouleaux sacrés.

5. Alors il quitta Népal et les monts Himalaya, descendit dans la vallée de Radjipoutan et se dirigea vers l'ouest en prêchant à des peuples divers la suprême perfection de l'homme,

6. Et le bien qu'il faut faire à son prochain, ce qui est le moyen le plus sûr pour s'anéantir rapidement dans l'éternel Esprit ; « Celui qui aurait recouvré sa pureté primitive, disait Issa, mourrait, ayant obtenu le pardon de ses fautes et aurait le droit de contempler la majestueuse figure de Dieu. »

7. En traversant des territoires païens, le divin Issa enseigna que l'adoration de dieux visibles était contraire à la loi naturelle.

8. « Car l'homme, disait-il, n'avait pas eu en partage le don de voir l'image de Dieu et de construire toute une foule de divinités à la ressemblance de l'Éternel. »

9. « En outre, il est incompatible avec la conscience humaine de faire moins de cas de la grandeur de la pureté divine que d'animaux ou d'ouvrages exécutés de main d'homme, en pierre ou en métal. »

10. « L'Éternel législateur est un ; il n'y a pas d'autres dieux que lui ; il n'a partagé le monde avec personne, ni entretenu personne de ses intentions. »

11. « De même qu'un père agirait envers ses enfants, de même Dieu jugera les hommes, après leur mort, d'après ses lois miséricordieuses ; jamais il n'humiliera son enfant en faisant émigrer son âme, comme en un purgatoire, dans le corps d'une bête. »

12. «La loi céleste, disait le Créateur, par la bouche d'Issa, répugne à l'immolation de sacrifices humains à une statue ou à un animal ; car, Moi, j'ai sacrifié à l'homme tous les animaux et tout ce que renferme le monde. »

13. « Tout a été sacrifié à l'homme, qui se trouve m'être directement et intimement lié, à Moi son Père ; aussi celuilà sera-t-il sévèrement jugé et châtié par la loi divine qui M'aura ravi Mon enfant. »

14. « L'homme est nul devant le Juge éternel, au même titre que l'animal l'est devant l'homme. »

15. « C'est pourquoi je vous le dis, quittez vos idoles et n'accomplissez pas de cérémonies qui vous séparent de votre père et vous lient à des prêtres dont le ciel s'est détourné. »

16. « Car ce sont eux qui vous ont écartés du vrai Dieu et dont les superstitions et la cruauté vous conduisent à la perversion de l'esprit et à la perte de tout sens moral. »

VII

1. Les paroles d'Issa s'étaient répandues parmi les païens au milieu des pays qu'il traversait, et les habitants délaissaient leurs idoles.

2. Ce que voyant, les prêtres exigèrent de celui qui glorifiait le nom du Dieu vrai les preuves, en présence du peuple, des blâmes qu'il leur infligeait et la démonstration du néant des idoles.

3. Et Issa leur répondit : « Si vos idoles et vos animaux sont puissants et possèdent réellement un pouvoir surnaturel, eh bien ! qu'ils me foudroient sur la place ! »

4. « Fais donc un miracle, lui répliquèrent les prêtres, et que ton Dieu confonde les nôtres, s'ils lui inspirent du dégoût ! »

5. Mais alors Issa : « Les miracles de notre Dieu ont commencé à se produire depuis le premier jour où l'univers fut créé ; ils ont lieu chaque jour, à chaque instant ; quiconque ne les voit pas est privé d'un des plus beaux dons de la vie. »

6. « Et ce n'est pas contre des morceaux de pierre, de métal ou de bois, complètement inanimés, que la colère de Dieu se donnera libre carrière, mais elle retombera sur les hommes, à qui il faudrait détruire, pour faire leur salut, toutes les idoles qu'ils ont confectionnées :

7. « De même qu'une pierre et un grain de sable, nuls comme ils le sont auprès de l'homme, attendent avec résignation le moment où l'homme les prendra pour en faire quelque chose d'utile, »

8. « De même, l'homme doit attendre la grande faveur que lui accordera Dieu en l'honorant d'une décision. »

9. « Mais, malheur sur vous, adversaires des hommes, si ce n'est pas une faveur que vous attendez, mais bien le courroux de la Divinité, malheur sur vous si vous attendez qu'elle atteste sa puissance par des miracles ! »

10. « Car ce ne sont pas les idoles qu'il anéantira dans sa colère, mais ceux qui les auront érigées ; leurs cœurs seront la proie d'un feu éternel et leurs corps lacérés iront assouvir l'appétit des bêtes fauves. »

11. « Dieu chassera les animaux contaminés de ses troupeaux, mais il reprendra à lui ceux qui se seront égarés pour avoir méconnu la parcelle céleste qui habitait en eux. »

12. Voyant l'impuissance de leurs prêtres, les païens ajoutèrent foi aux paroles d'Issa, et, de crainte du courroux de la Divinité, mirent en pièces leurs idoles ; quant aux prêtres, ils s'enfuirent pour échapper à la vengeance populaire.

13. Et Issa apprenait encore aux païens à ne pas s'efforcer à voir de leurs propres yeux l'Esprit éternel, mais à tâcher de le sentir par le cœur, et, par une âme véritablement pure, à se rendre dignes de ses faveurs.

14. « Non seulement, leur disait-il, ne consommez pas de sacrifices humains, mais, en général, n'immolez aucun animal auquel la vie a été donnée, car tout ce qui a été créé l'a été au profit de l'homme. »

15. « Ne dérobez pas le bien d'autrui, car ce serait enlever à son prochain les objets qu'il s'est acquis à la sueur de son front. »

16. « Ne trompez personne, afin de ne pas être trompé vous-même ; tâchez de vous justifier avant le jugement dernier, car alors ce sera trop tard. »

17. « Ne vous adonnez pas à la débauche, car c'est violer les lois de Dieu. »

18. « Vous atteindrez à la béatitude suprême, non seulement en vous purifiant vous-même, mais encore en guidant les autres dans la voie qui leur permettra de conquérir la perfection primitive. »

VIII

1. Les pays voisins se remplirent du bruit des prédications d'Issa, et, lorsqu'il entra en Perse, les prêtres prirent peur et interdirent aux habitants de l'écouter.

2. Mais, lorsqu'ils virent tous les villages l'accueillir avec joie et écouter religieusement ses sermons, ils donnèrent l'ordre de l'arrêter et le firent amener devant le grandprêtre, où il subit l'interrogatoire suivant :

3. « De quel nouveau Dieu parles-tu ? Ignores-tu, malheureux que tu es, que saint Zoroastre est le seul juste admis à l'honneur de recevoir des relations de l'Être suprême ? »

4. « Lequel a ordonné aux anges de rédiger par écrit la parole de Dieu à l'usage de son peuple, lois qu'on a données à Zoroastre dans le paradis. »

5. « Qui donc es-tu pour oser ici blasphémer notre Dieu et semer le doute dans le cœur des croyants ? »

6. Et Issa leur dit : « Ce n'est point d'un nouveau dieu que je parle, mais de notre Père céleste qui a existé avant tout commencement et qui sera encore après l'éternelle fin. »,

7. « C'est de lui que j'ai entretenu le peuple qui, de même qu'un enfant innocent, n'est pas encore en état de comprendre Dieu par la seule force de son intelligence, et de pénétrer sa sublimité divine et spirituelle. »

8. « Mais, de même qu'un nouveau-né reconnaît dans l'obscurité la mamelle maternelle, de même votre peuple, qu'ont induit en erreur et votre doctrine erronée et vos cérémonies religieuses, a reconnu d'instinct son Père dans le Père dont je suis le prophète. »

9. « L'Être Éternel dit à votre peuple, par l'intermédiaire de ma bouche : « Vous n'adorerez pas le Soleil, car il n'est qu'une partie du monde que j'ai créé pour l'homme. »

10. « Le Soleil se lève afin de vous chauffer pendant votre travail ; il se couche afin de vous accorder le repos que j'ai fixé moi-même. »

11. « Ce n'est qu'à moi, et à moi seul, que vous devez tout ce que vous possédez, tout ce qui se trouve autour de vous, soit au-dessus de vous, soit au-dessous. »

12. « Mais, firent les prêtres, comment pourrait vivre un peuple selon les règles de la justice, s'il n'avait pas de précepteurs ? »

13. Alors Issa : « Tant que les peuples, répondit-il, n'ont pas eu de prêtres, la loi naturelle les a gouvernés et ils ont conservé la candeur de leurs âmes. »

14. « Leurs âmes étaient en Dieu, et pour s'entretenir avec le père, l'on n'avait recours à l'intermédiaire d'aucune idole ou d'aucun animal, ni au feu, ainsi que vous le pratiquez ici. »

15. « Vous prétendez qu'il faut adorer le Soleil, le génie du Bien et celui du Mal ; eh bien, votre doctrine est détestable, vous dis-je, le soleil n'agissant pas spontanément, mais de par la volonté du Créateur invisible qui lui a donné naissance, »

16. « Et qui a voulu que cet astre éclairât le jour et chauffât le travail et les semailles de l'homme » ?

17. « L'Esprit éternel est l'âme de tout ce qu'il y a d'animé ; vous commettez un grand péché, en le fractionnant en l'esprit du Mal et l'esprit du Bien, car il n'est pas de Dieu hormis celui du Bien, »

18. « Qui, semblable à un père de famille, ne fait que du bien à ses enfants, auxquels il remet toutes leurs fautes s'ils se repentent. »

19. « Et l'Esprit du mal demeure sur la terre, dans le cœur des hommes qui détournent les enfants de Dieu du droit chemin. »

20. « C'est pourquoi je vous le dis, redoutez le jour du jugement, car Dieu infligera un châtiment terrible à tous ceux qui auront fait dévier de la vraie route ses enfants et qui les auront remplis de superstitions et de préjugés, »

21. « Ceux qui ont aveuglé les voyants, transmis la contagion aux bien-portants et enseigné le culte des choses que Dieu a soumises à l'homme pour son propre bien et pour l'aider dans ses travaux. »

22. « Votre doctrine est donc le fruit de vos erreurs, car en désirant approcher de vous le Dieu de la Vérité, vous vous êtes créé de faux dieux. »

23. Après l'avoir écouté, les mages résolurent de ne point lui faire de mal. La nuit, quand toute la ville reposait, ils le conduisirent en dehors des murs et l'abandonnèrent sur la grand'route, dans l'espérance qu'il ne tarderait pas à être la proie des fauves.

24. Mais, protégé par le Seigneur notre Dieu, saint Issa continua sa route sans accident.

IX

1. Issa, que le Créateur avait élu pour rappeler le vrai Dieu aux humains plongés dans les dépravations, avait vingt-neuf ans quand il arriva dans le pays d'Israël.

2. Depuis le départ d'Issa, les païens avaient fait endurer des souffrances encore plus atroces aux Israélites, et ceuxci étaient en proie au plus grand découragement.

3. Beaucoup d'entre eux avaient déjà commencé à délaisser les lois de leur Dieu et celles de Mossa, dans l'espérance de fléchir leurs farouches conquérants.

4. En présence de cette situation, Issa exhorta ses compatriotes à ne pas désespérer parce que le jour de la rédemption des péchés était proche et il confirma sur lui la croyance qu'ils avaient au Dieu de leurs pères.

5. « Enfants, n'allez pas vous abandonner au désespoir, disait le Père Céleste par la bouche d'Issa, car j'ai entendu votre voix, et vos cris sont parvenus jusqu'à moi. »

6. « Ne pleurez plus, ô mes bien-aimés, car vos sanglots ont touché le cœur de votre Père et il vous a pardonné comme il a pardonné à vos ancêtres. »

7. « Ne délaissez pas votre famille pour vous plonger dans la débauche, ne perdez pas la noblesse de vos sentiments et n'adorez point d'idoles qui resteront sourdes à votre voix. »

8. « Remplissez mon temple de votre espérance et de votre patience, et n'abjurez point la religion de vos pères, car moi seul les ai guidés et les ai comblés de bienfaits. »

9. « Vous relèverez ceux qui seront tombés, vous donnerez à manger à ceux qui ont faim, et vous viendrez en aide aux malades, afin d'être tous purs et justes au jour du dernier jugement que je vous prépare. »

10. Les Israélites accouraient en foule à la parole d'Issa et lui demandaient où ils devaient remercier le Père Céleste, puisque les ennemis avaient rasé leurs temples et fait main-basse sur leurs vases sacrés.

11. Issa leur répondit que Dieu n'avait pas en vue les temples édifiés de main d'homme, mais qu'il entendait par là les cœurs humains qui sont le vrai temple de Dieu.

12. « Entrez dans votre temple, dans votre cœur, éclairezle de bonnes pensées et de la patience et de la confiance inébranlables que vous devez avoir en votre Père. »

13. « Et vos vases sacrés, ce sont vos mains et vos yeux ; regardez et faites ce qui est agréable à Dieu, car, en faisant du bien à votre prochain, vous accomplissez une cérémonie qui embellit le temple où séjourne Celui qui vous a donné le jour. »

14. « Car Dieu vous a créés à sa ressemblance, innocents, l'âme pure, le cœur rempli de bonté et destiné, non pas à la conception de projets méchants, mais fait pour être le sanctuaire de l'amour et de la justice. »

15. « Ne souillez donc pas votre cœur, vous dis-je, car l'Être éternel y réside toujours. »

16. « Si vous voulez accomplir des œuvres empreintes de piété ou d'amour, faites-les d'un cœur large, et que votre action ne soit pas motivée par l'espoir du gain ou par un calcul commercial, »

17. « Car cette action ne vous ferait pas approcher du salut et vous tomberiez alors dans un état de dégradation morale où le vol, le mensonge et l'assassinat passent pour des actes généreux. »

X

1. Saint Issa allait d'une ville à une autre ville, raffermissant par la parole de Dieu le courage des Israélites, qui étaient prêts de succomber sous le poids du désespoir, et des milliers d'hommes le suivirent pour entendre ses prédications.

2. Mais les chefs des villes eurent peur de lui, et ils firent savoir au gouverneur principal, qui résidait à Jérusalem, qu'un homme appelé Issa était arrivé dans le pays, qu'il soulevait par ses sermons le peuple contre les autorités, que

la foule l'écoutait assidûment et négligeait les travaux de l'État en ajoutant que, sous peu, il serait débarrassé de ses gouvernants intrus.

3. Alors Pilate, gouverneur de Jérusalem, ordonna qu'on se saisît de la personne du prédicateur Issa, qu'on l'amenât dans la ville et qu'on le conduisît devant les juges ; toutefois, pour ne pas exciter le mécontentement de la population, Pilate chargea les prêtres et les savants, vieillards hébreux, de le juger dans le temple.

4. Sur ces entrefaites, Issa, continuant ses prédications, arriva à Jérusalem ; ayant appris sa venue, tous les habitants, qui le connaissaient déjà de réputation, vinrent audevant de lui.

5. Ils le saluèrent respectueusement et lui ouvrirent les portes de leur temple, afin d'entendre de sa bouche ce qu'il avait dit dans les autres villes d'Israël.

6. Et Issa leur dit : « La race humaine périt à cause de son manque de foi, car les ténèbres et la tempête ont égaré le troupeau des humains et ils ont perdu leurs pasteurs. »

7. « Mais les tempêtes ne durent pas toujours et les ténèbres ne cacheront pas la lumière éternellement ; le ciel redeviendra bientôt serein, la clarté céleste se répandra par toute la terre et les ouailles égarées se réuniront autour de leur berger. »

8. « Ne vous efforcez pas de chercher des chemins directs dans l'obscurité, de peur de choir dans quelque fossé ; mais rassemblez vos dernières forces, soutenez-vous l'un l'autre, placez toute votre confiance en votre Dieu et attendez qu'une première lueur apparaisse. »

9. « Celui qui soutient son voisin se soutient lui-même, et quiconque protège sa famille, protège tout son peuple et son pays. »

10. « Car soyez sûrs que le jour est proche où vous serez délivrés des ténèbres ; vous vous rassemblerez en une seule famille et votre ennemi tressaillera de peur, lui qui ignore ce qu'est la faveur du grand Dieu. »

11. Les prêtres et les vieillards qui l'écoutaient, pleins d'admiration devant son langage, lui demandèrent s'il était vrai qu'il eût tenté de soulever le

peuple contre les autorités du pays, ainsi qu'on l'avait rapporté au gouverneur Pilate.

12. « Peut-on s'insurger contre des hommes égarés à qui l'obscurité a caché leur chemin et leur porte », répondit Issa. « Je n'ai fait qu'avertir les malheureux, comme je le fais ici, dans ce temple, pour qu'ils ne s'avançassent pas plus loin sur des routes ténébreuses, car un abîme est ouvert sous leurs pas. »

13. « Le pouvoir terrestre n'est pas de longue durée et il est soumis à une foule de changements. Il ne serait d'aucune utilité pour un homme de se révolter contre lui, car un pouvoir succède toujours à un autre pouvoir, et c'est ainsi que cela se passera jusqu'à l'extinction de la vie humaine. »

14. « Par contre, ne voyez-vous pas que les puissants et les riches sèment parmi les fils d'Israël un esprit de rébellion contre le pouvoir éternel du Ciel ? »

15. Et alors les vieillards : « Qui es-tu, firent-ils, et de quel pays es-tu venu jusque chez nous ? Auparavant, nous n'avions pas entendu parler de toi et nous ignorions même jusqu'à ton nom. »

16. « Je suis Israélite, répondit Issa, et, au jour de ma naissance, j'ai vu les murailles de Jérusalem, et j'ai entendu sangloter mes frères réduits en esclavage et se lamenter mes sœurs qu'on a emmenées chez les païens. »

17. « Et mon âme s'attristait douloureusement quand je voyais que mes frères avaient oublié le vrai Dieu : étant enfant, j'ai quitté la maison paternelle pour aller me fixer chez d'autres peuples. »

18. « Mais, ayant entendu dire que mes frères subissaient des tortures encore plus grandes, je suis revenu au pays qu'habitaient mes parents, pour rappeler à mes frères la foi de leurs ancêtres, qui nous prêche la patience sur terre pour nous faire obtenir là-haut le bonheur parfait et sublime. »

19. Et les savants vieillards lui firent encore cette question : « On assure que tu renies les lois de Mossa et que tu enseignes au peuple l'abandon du temple de Dieu ? »

20. Et Issa: «On ne démolit pas ce qui a été donné par notre Père céleste et ce qui a été détruit par les pécheurs ; mais j'ai recommandé de se purifier le

cœur de toute souillure, car c'est là le véritable temple de Dieu. »

21. « Quant aux lois de Mossa, je me suis efforcé de les rétablir dans le cœur des hommes et je vous dis que vous ignorez leur portée véritable, car ce n'est pas la vengeance, mais le pardon qu'elles enseignent ; seulement on a dénaturé le sens de ces lois. »

XI

1. Ayant entendu Issa, les prêtres et les savants vieillards décidèrent entre eux de ne pas le juger, car il ne faisait de mal à personne et, s'étant présentés devant Pilate, institué gouverneur de Jérusalem par le roi païen du pays de Romèles, ils lui parlèrent ainsi :

2. « Nous avons vu l'homme que tu accuses d'exciter notre peuple à la révolte, nous avons entendu ses prédications et nous savons qu'il est notre compatriote. »

3. « Mais les chefs des villes t'ont adressé de faux rapports, car c'est un homme juste qui enseigne au peuple la parole de Dieu. Après l'avoir interrogé, nous l'avons congédié pour qu'il aille en paix. »

4. Le gouverneur entra dans une violente colère et envoya près d'Issa ses serviteurs déguisés, afin d'épier tous ses actes et de communiquer aux autorités les moindres paroles qu'il adresserait au peuple.

5. Cependant, saint Issa continuait à visiter les villes voisines et prêchait les vraies voies du Créateur, en exhortant les Hébreux à la patience et en leur promettant une prompte délivrance.

6. Et pendant tout ce temps, beaucoup de gens le suivirent, partout où il allait, plusieurs ne le quittèrent pas et lui servirent de domestiques.

7. Et Issa disait : « Ne croyez pas aux miracles faits par la main de l'homme, car celui qui domine la nature est seul capable de faire des choses surnaturelles, tandis que l'homme est impuissant à arrêter le courroux des vents et à répandre la pluie. »

8. « Cependant, il y a un miracle qu'il est possible à l'homme d'accomplir : c'est, quand, plein d'une croyance sincère, il se décide à déraciner de son cœur toutes les mauvaises pensées et que, pour atteindre son but, il ne va plus par les chemins de l'iniquité. »

9. « Et toutes les choses qu'on fait sans Dieu ne sont qu'erreurs grossières, séductions et enchantements qui ne font que démontrer à quel point l'âme de celui qui pratique cet art est pleine de dévergondage, de mensonge et d'impureté. »

10. « N'ajoutez pas foi aux oracles, Dieu seul connaît l'avenir ; celui qui a recours aux devins souille le temple qui est dans son cœur et fait preuve de méfiance à l'égard de son Créateur. »

11. « La foi aux devins et à leurs oracles détruit la simplicité innée chez l'homme et sa pureté enfantine ; une puissance infernale s'empare de lui et le force à commettre toute espèce de crimes et à adorer les idoles ; »

12. « Tandis que le Seigneur notre Dieu, qui n'a personne pour lui être égalé, est un, tout-puissant, omniscient et omniprésent ; c'est lui qui possède toute la sagesse et toute la lumière ; »

13. « C'est à lui qu'il faut vous adresser pour être consolé dans vos chagrins, aidé dans vos travaux, guéri dans vos maladies ; quiconque aura recours à lui n'essuyera pas de refus. »

14. « Le secret de la nature est entre les mains de Dieu, car le monde, avant d'apparaître, existait au fond de la pensée divine ; il est devenu matériel et visible par la volonté du Très-Haut. »

15. « Quand vous voudrez vous adresser à lui, redevenez enfants, car vous ne connaissez ni le passé, ni le présent, ni l'avenir, et Dieu est le maître du temps. »

XII

1. « Homme juste, lui dirent les serviteurs déguisés du gouverneur de Jérusalem, apprends-nous s'il nous faut exécuter la volonté de notre César ou attendre notre délivrance prochaine ? »

2. Et Issa ayant reconnu des gens apostés pour le suivre dans ceux qui le questionnaient, leur dit : « Je ne vous ai pas annoncé que vous seriez délivré du César ; c'est l'âme, qui est plongée dans l'erreur qui aura sa délivrance. »

3. « Il ne peut y avoir de famille sans chef et il n'y aura pas d'ordre dans un peuple sans un César à qui il faut obéir aveuglément, car lui seul répondra de ses actes devant le tribunal suprême. »

4. « César possède-t-il un droit divin, lui demandèrent encore les espions, et est-il le meilleur des mortels ? »

5. « Il n'y en a pas de meilleur parmi les humains, mais il y a aussi des malades que des hommes élus et chargés de cette mission doivent soigner en usant des moyens que leur confère la loi sacrée de notre Père céleste. »

6. « La clémence et la justice, voilà les plus hauts dons accordés à César, son nom sera illustre, s'il s'en tient là. »

7. « Mais celui qui agit autrement, qui enfreint les limites du pouvoir qu'il a sur son subordonné, et va jusqu'à mettre sa vie en danger, celui-là offense le grand Juge et fait tort à sa dignité dans l'opinion des hommes. »

8. Sur ces entrefaites, une vieille femme, qui s'était approchée du groupe pour mieux écouter Issa, fut écartée par un des hommes déguisés qui se plaça devant elle.

9. Alors Issa de dire : « Il n'est pas bon qu'un fils repousse sa mère pour occuper la première place qui doit lui revenir. Quiconque ne respecte pas sa mère, l'être le plus sacré après Dieu, est indigne du nom de fils. »

10. « Écoutez donc ce que je vais vous dire : « Respectez la femme, car c'est la mère de l'univers et toute la vérité de la création divine gît en elle. »

11. « C'est elle qui est la base de tout ce qu'il y a de bon et de beau, comme elle est aussi le germe de la vie et de la mort. D'elle dépend toute l'existence de l'homme, car elle est son appui moral et naturel dans ses travaux. »

12. « Elle vous enfante au milieu des souffrances ; à la sueur de son front, elle surveille votre croissance et jusqu'à sa mort vous lui causez les plus vives

angoisses. Bénissez-la et adorez-la, car elle est votre unique ami et votre soutien sur terre. »

13. « Respectez-la, défendez-la ; en agissant ainsi, vous vous gagnerez son amour et son cœur et vous serez agréables à Dieu ; c'est pourquoi beaucoup de fautes vous seront remises. »

14. « De même, aimez vos femmes et respectez-les, car elles seront mères demain et plus tard grand'mères de toute une nation. »

15. « Soyez soumis envers la femme ; son amour ennoblit l'homme, adoucit son cœur endurci, dompte la bête et en fait un agneau. »

16. « La femme et la mère, trésor inappréciable que vous a donné Dieu ; elles sont le plus bel ornement de l'univers, et d'elles naîtra tout ce qui habitera le monde. »

17. « Ainsi que le Dieu des armées qui, jadis, sépara la lumière d'avec les ténèbres et le continent d'avec les eaux, la femme possède le divin talent de séparer chez l'homme les bonnes intentions des mauvaises pensées. »

18. « C'est pourquoi, je vous le dis, après Dieu, vos meilleures pensées doivent appartenir aux femmes et aux épouses, la femme étant pour vous le temple divin où vous obtiendrez le plus facilement le bonheur parfait. »

19. « Puisez dans ce temple votre force morale ; là, vous oublierez vos tristesses et vos insuccès, vous recouvrerez les forces perdues qui vous seront nécessaires pour aider votre prochain. »

20. « Ne l'exposez pas à être humiliée ; par cela même, vous vous humilieriez vous-même et vous perdriez le sentiment de l'amour, sans lequel rien n'existe ici-bas. »

21. « Protégez votre femme, pour qu'elle vous protège, vous et toute votre famille ; tout ce que vous ferez pour votre mère, votre femme, pour une veuve ou une autre femme dans la détresse, vous l'aurez fait pour votre Dieu. »

XIII

1. Saint Issa enseigna ainsi le peuple d'Israël pendant trois ans, dans chaque ville, dans chaque village, sur les routes et les plaines, et tout ce qu'il avait annoncé se réalisait.

2. Pendant tout ce temps, les serviteurs déguisés du gouverneur Pilate l'observèrent étroitement, mais sans entendre rien dire qui ressemblât aux rapports qu'avaient adressés jadis les chefs des villes sur Issa.

3. Mais le gouverneur Pilate, s'effrayant de la trop grande popularité de saint Issa qui, à en croire ses adversaires, voulait soulever le peuple, pour se faire nommer roi, ordonna à un de ses espions de l'accuser.

4. Alors on chargea des soldats de procéder à son arrestation, et on l'enferma dans un cachot souterrain où on lui fit subir des supplices variés dans l'intention de le forcer à s'accuser lui-même, ce qui permettrait de le mettre à mort.

5. Le saint, ne songeant qu'à la béatitude parfaite de ses frères, supporta les souffrances au nom de son Créateur.

6. Les serviteurs de Pilate continuèrent à le torturer et le réduisirent à un état de faiblesse extrême ; mais Dieu était avec lui et ne permit pas qu'il mourût.

7. Apprenant les souffrances et les tortures qu'endurait leur saint, les principaux prêtres et les savants vieillards allèrent prier le gouverneur de mettre Issa en liberté à l'occasion d'une grande fête qui était proche.

8. Mais le gouverneur le leur refusa net. Ils le prièrent alors de faire comparaître Issa devant le tribunal des Anciens, afin qu'il fût condamné ou acquitté avant la fête ; ce à quoi consentit Pilate.

9. Le lendemain, le gouverneur fit réunir les principaux capitaines, prêtres, vieillards savants et légistes dans le but de leur faire juger Issa.

10. On amena le saint de sa prison ; on le fit asseoir devant le gouverneur entre deux brigands qu'on jugeait en même temps que lui, et pour montrer à la foule qu'il n'était pas le seul à être condamné.

11. Et Pilate, s'adressant à Issa, lui dit : « Ô homme ! est-il vrai que tu soulèves les habitants contre les autorités dans l'intention de devenir toi-même roi d'Israël ? »

12. « On ne devient pas roi par sa propre volonté, répondit Issa, et l'on t'a menti en t'affirmant que je soulevais le peuple. Je n'ai jamais parlé que du Roi des cieux, et c'est lui que j'apprenais au peuple à adorer. »

13. « Car les fils d'Israël ont perdu leur pureté originelle et s'ils n'ont pas recours au vrai Dieu, ils seront sacrifiés et leur temple tombera en ruines. »

14. « Le pouvoir temporel maintient l'ordre dans un pays ; je leur apprenais donc à ne pas l'oublier ; je leur disais : « Vivez conformément à votre situation et à votre fortune, afin de ne pas troubler l'ordre public », et je les exhortais aussi à se souvenir que le désordre régnait dans leur cœur et dans leur esprit. »

15. « Aussi le Roi des cieux les a-t-il punis et a-t-il supprimé leurs rois nationaux ; cependant, leur disais-je, si vous vous résignez à votre sort, en récompense le royaume des cieux vous sera réservé. »

16. À ce moment, on introduisit les témoins ; l'un d'eux déposa ainsi : « Tu as dit au peuple que le pouvoir temporel n'était rien auprès de celui du Roi qui devait bientôt affranchir les Israélites du joug païen. »

17. « Béni sois-tu, dit Issa, pour avoir dit la vérité ; le Roi des cieux est plus grand et plus puissant que la loi terrestre, et son royaume surpasse tous les royaumes d'ici-bas. »

18. « Et le temps n'est pas éloigné où, conformément à la volonté divine, le peuple d'Israël se purifiera de ses péchés, car il est dit qu'un précurseur viendra annoncer la délivrance du peuple et le réunira en une seule famille. »

19. Et le gouverneur s'adressant aux juges : « Entendezvous ? l'Israélite Issa avoue le crime dont il est accusé. Jugez-le donc d'après vos lois et prononcez contre lui la peine capitale. »

20.«Nous ne pouvons le condamner, répondirent les prêtres et les Anciens ; tu viens d'entendre toi-même qu'il faisait allusion au Roi des cieux et qu'il n'a rien prêché aux fils qui constituât une insubordination contre la loi. »

21. Le gouverneur manda alors le témoin qui, à l'instigation de son maître Pilate, avait trahi Issa ; cet homme vint et s'adressant à Issa : « Ne te faisais-tu pas passer pour le roi d'Israël quand tu disais que celui qui règne aux cieux t'avait envoyé pour préparer son peuple ? »

22. Et Issa, l'ayant béni, lui dit : « Tu seras pardonné, car ce que tu dis ne vient pas de toi ! » Puis, s'adressant au gouverneur : « Pourquoi humilier ta dignité, et pourquoi apprendre à tes inférieurs à vivre dans le mensonge, puisque, même sans cela, tu as le pouvoir de condamner un innocent ? »

23. À ces mots, le gouverneur entra dans une violente colère, et ordonna la condamnation à mort d'Issa et par contre l'acquittement des deux brigands.

24. Les juges s'étant consultés entre eux, dirent à Pilate : « Nous n'assumerons pas sur nos têtes le grand péché de condamner un innocent et d'acquitter des bandits, chose contraire à nos lois. »

25. « Fais donc ce qu'il te plaira. » Ayant dit, les prêtres et les savants vieillards sortirent et se lavèrent les mains dans un vase sacré en disant : « Nous sommes innocents de la mort du juste. »

XIV

1. Sur l'ordre du gouverneur, les soldats se saisirent d'Issa et des deux brigands qu'ils conduisirent sur le lieu du supplice où on les cloua sur des croix qu'on avait dressées en terre.

2. Tout le jour, les corps d'Issa et des deux bandits restèrent suspendus, dégouttant de sang, sous la garde des soldats ; le peuple se tenait debout à l'entour ; les parents des suppliciés priaient et pleuraient.

3. Au coucher du soleil, les souffrances d'Issa prirent fin. Il perdit connaissance et l'âme de ce juste se détacha de son corps pour aller s'anéantir dans la Divinité.

4. Ainsi finit l'existence terrestre du reflet de l'Esprit éternel, sous forme d'un homme qui avait sauvé les pécheurs endurcis et supporté tant de souffrances.

5. Cependant Pilate s'effraya de son action et fit rendre le corps du saint à ses parents qui l'enterrèrent près de l'endroit de son supplice ; la foule vint prier sur sa tombe et remplit l'air de sanglots et de gémissements.

6. Trois jours après, le gouverneur envoya ses soldats pour enlever le corps d'Issa et l'inhumer dans quelque autre endroit, de peur d'un soulèvement populaire.

7. Le lendemain la foule trouva le tombeau ouvert et vide ; aussitôt le bruit se répandit que le Juge Suprême avait envoyé ses anges enlever la dépouille mortelle du saint en qui avait résidé sur terre une partie de l'Esprit divin.

8. Quand ce bruit parvint à la connaissance de Pilate celui-ci se fâcha et défendit, sous peine d'esclavage et de mort, de jamais prononcer le nom d'Issa et de prier le Seigneur pour lui.

9. Mais le peuple continua à pleurer et à glorifier tout haut son maître ; aussi beaucoup furent emmenés en captivité, soumis à la torture et mis à mort.

10. Et les disciples de saint Issa abandonnèrent le pays d'Israël et s'en furent de tous côtés chez les païens, prêchant qu'il leur fallait abandonner leurs erreurs grossières, songer au salut de leur âme et à la félicité parfaite qui attend les humains dans le monde immatériel et plein de clarté où, en repos, et dans toute sa pureté, réside dans une majesté parfaite le grand Créateur.

11. Les païens, leurs rois et leurs guerriers écoutèrent les prédicateurs, abandonnèrent leurs croyances absurdes, délaissèrent leurs prêtres et leurs idoles pour célébrer les louanges du très sage Créateur de l'univers, du Roi des Rois dont le cœur est rempli d'une miséricorde infinie.

RÉSUMÉ

En lisant le récit de la vie d'Issa (Jésus-Christ), on est tout d'abord frappé, d'un côté, de la ressemblance qu'offrent certains passages principaux avec les récits biblique et évangélique, et, d'un autre côté, des contradictions également très remarquables qui différencient parfois la version bouddhiste de celle de l'Ancien et du Nouveau Testaments.

Pour s'expliquer cette étrangeté, il est nécessaire de remarquer surtout les époques où les faits furent consignés par écrit.

On nous enseigne, il est vrai, depuis notre enfance, que le Pentateuque a été écrit par Moïse lui-même, mais les investigations minutieuses des savants contemporains ont démontré de façon péremptoire qu'il n'existait pas dans les pays que baigne la Méditerranée, du temps de Moïse et même longtemps après lui, d'autre écriture que les hiéroglyphes en Égypte et les inscriptions cunéiformes que l'on trouve de nos jours dans les fouilles de Babylone. Nous savons, au contraire, que l'alphabet et le parchemin étaient connus en Chine et aux Indes longtemps avant Moïse. En voici quelques preuves. Les livres sacrés de la « religion des savants » nous apprennent que l'alphabet fut inventé en Chine en 2800 par Fou-si, qui fut le premier empereur de Chine qui ait embrassé cette religion, dont il arrangea lui-même le rituel et les pratiques extérieures. Yao, le quatrième des empereurs chinois qui aient appartenu à cette croyance, publia des lois morales et civiles et, en 2282, rédigea un code pénal. Le cinquième empereur, Soune, proclama, l'année de son avènement au trône, que la « religion des savants » serait dorénavant la religion de l'État et en 2228 il édicta de nouvelles lois pénales. Ses lois, modifiées par l'empereur Vouvange, fondateur de la dynastie des Tcheou en 1122, sont connues actuellement sous le nom de « Changements ». D'un autre côté, la doctrine du Bouddha Fô, dont le vrai nom est Çakya-Mouni, a été écrite sur parchemin. Le foïsme commença à se répandre en Chine vers 260 avant Jésus-Christ ; en 206, un empereur de la dynastie Tsine, désireux d'apprendre le bouddhisme, fit venir de l'Inde un bouddhiste nommé Silifan, et l'empereur MingTi, de la dynastie Hagne, donna l'ordre, un an avant la naissance de Jésus-Christ, de faire venir de l'Inde les livres sacrés écrits par le bouddha Çakya-Mouni, fondateur de la doctrine Bouddhiste, qui vivait vers l'an 1200 avant JésusChrist.

La doctrine du Bouddha Gaouthama ou Gothama, qui vivait 600 ans avant Jésus-Christ, fut écrite sur parchemin dans la langue Pali. À cette époque, existaient déjà aux Indes environ 84 000 manuscrits bouddhistes dont la rédaction avait exigé un nombre d'années considérable.

Alors que les Chinois et les Indous possédaient déjà une littérature écrite très riche, chez les peuples moins fortunés ou d'une ignorance plus profonde, qui ne possédaient pas d'alphabet, les récits se transmettaient oralement de bouche en bouche et de génération en génération. Étant données le peu de fidélité de la mémoire humaine et son impuissance relative, les faits historiques dégénéraient bientôt, la fantaisie orientale aidant, en légendes fabuleuses qui, par la suite, furent réunies et auxquelles des compilateurs inconnus donnèrent le titre des « Cinq livres de Moïse » ; la légende attribue également au législateur des Hébreux une puissance divine extraordinaire et lui prête une série de miracles accomplis en présence de Pharaon ; elle a bien pu se tromper également, en déclarant qu'il était israélite de naissance.

Bien au contraire, les chroniqueurs hindous, grâce à l'invention de l'alphabet, ont pu consigner dans leurs longs articles non pas des légendes, mais les récits des faits récemment accomplis ou les rapports des marchands qui venaient de visiter des pays étrangers.

Il faut remarquer ici que dans l'antiquité, comme de nos jours, toute la vie publique de l'Orient est concentrée dans les bazars et les nouvelles des événements qui se sont passés dans tel ou tel pays, sont propagées et colportées par des caravanes de marchands, suivies ordinairement de derviches qui tirent de récits qu'ils font sur les places ou dans les temples un moyen de subsistance. De retour d'un voyage ou de négociations, les marchands racontent, pendant les premiers jours qui suivent leur arrivée et ce, avec forces détails, tout ce qu'ils ont vu ou entendu.

Le commerce des Indes avec l'Égypte et ensuite avec l'Europe passait par Jérusalem où, encore du temps du roi Salomon, venaient des caravanes indoues, apportant avec elles des métaux précieux et tous les matériaux pour la construction du temple. D'Europe, les marchandises arrivaient à Jérusalem par mer et étaient débarquées dans un port à l'emplacement duquel se trouve actuellement la ville de Jaffa.

Les chroniques en question furent rédigées avant, pendant et après Jésus-Christ ; mais lors du séjour de Jésus aux Indes en qualité de simple pèlerin venu pour étudier les lois brahmines et bouddhistes, on ne fit aucune attention à lui.

Mais, quand un peu plus tard, arrivèrent aux Indes les premiers récits des événements d'Israël, les chroniqueurs, après avoir consigné par écrit ce qu'on venait de leur raconter sur le prophète Issa que tout un peuple, las du joug de ses maîtres, avait accompagné et qui, par ordre de Pilate, avait été envoyé au supplice, ces chroniqueurs, dis-je, se souvinrent que ce même Issa avait séjourné récemment au milieu d'eux et que, d'origine israélite, il était venu étudier chez eux et qu'ensuite il avait regagné sa patrie. Ils se prirent d'un vif intérêt pour cet homme qui venait de grandir si rapidement à leurs yeux et ils se livrèrent à une enquête sur sa naissance, son passé et tous les détails de son existence.

Les deux manuscrits, dans lesquels le lama du couvent Himis m'a lu tout ce qui avait trait à Jésus, forment des recueils de copies diverses écrites dans la langue thibétaine, traductions de quelques rouleaux appartenant à la bibliothèque de Lassa et apportés de l'Inde, de Nepal et de Maghada, vers l'an 200 après Jésus-Christ dans un couvent construit dans le mont Marbour, près de la ville de Lassa et où réside à présent le Dalaï-Lama.

Ces rouleaux étaient écrits dans la langue Pali que certains lamas étudient encore maintenant, afin de pouvoir faire des traductions en dialecte thibétain.

Les chroniqueurs étaient des bouddhistes appartenant à la secte du bouddha Gothama.

Les renseignements sur Jésus ne sont pas mis en ordre dans les chroniques où ils sont mélangés, sans suite ni cohérence, à d'autres relations d'événements contemporains.

Les manuscrits nous racontent tout d'abord, sans explications ni détails, d'après le récit de quelques marchands venus de Judée dans l'année même de la mort de Jésus, qu'un juste du nom d'Issa, un Israélite, après avoir été deux fois acquitté par les juges comme étant l'homme de Dieu, fut néanmoins mis à mort sur l'ordre du gouverneur païen Pilate, qui craignait que Jésus ne profitât de sa grande popularité pour rétablir le royaume d'Israël et en expulser ceux qui l'avaient conquis.

Viennent ensuite des communications assez incohérentes sur les prédications de Jésus parmi les Guèbres et autres païens. Ces relations paraissent se rapporter aux premières années qui suivirent la mort de Jésus, pour qui l'on se prend d'un intérêt de plus en plus vif.

L'un de ces récits, communiqué par un marchand, a trait à l'origine de Jésus et de sa famille ; un autre raconte l'expulsion de ses partisans et les persécutions qu'ils endurèrent.

Ce n'est guère que dans la fin du second volume qu'on trouve la première affirmation catégorique du chroniqueur : il y dit qu'Issa est l'homme béni de Dieu et le meilleur de tous, c'est lui que le grand Brahma a élu pour incarner en lui son esprit qui s'est détaché de l'Être suprême à une époque fixée par le sort.

Après avoir dit qu'Issa descendait de parents pauvres et d'origine israélite, le chroniqueur se livre à une petite digression, dans le but d'expliquer, d'après d'anciens récits, ce qu'étaient les fils d'Israël.

J'ai disposé tous les fragments concernant la vie d'Issa dans l'ordre chronologique et je me suis efforcé de leur donner le caractère d'unité qui leur faisait absolument défaut.

Je laisse aux savants, aux philosophes et aux théologiens le soin de rechercher les causes des contradictions qu'on pourrait relever entre la « Vie inconnue d'Issa » que je livre à la publicité et les récits des Évangélistes ; mais, j'ose croire que personne n'hésitera à reconnaître avec moi que la version que je présente au public, rédigée trois ou quatre ans après la mort de Jésus, d'après des témoins oculaires et contemporains, a beaucoup plus de chances d'être conforme à la vérité que les récits des Évangélistes dont la composition, effectuée à diverses époques et à une période bien ultérieure à l'accomplissement des événements, a pu contribuer, dans une large mesure, à dénaturer les faits et à en altérer le sens.

Avant d'aborder la vie de Jésus, je dois dire quelques mots de l'histoire de Moïse, qui, d'après la légende la plus accréditée jusqu'ici, était israélite, ce qui est contredit par les bouddhistes. Nous apprenons tout d'abord que Moïse était un prince d'Égypte, le fils d'un Pharaon, et que seulement il a été instruit par des savants Israélites. En effet, en examinant attentivement ce point important, il faut, je crois, convenir que l'auteur bouddhiste pourrait bien avoir raison.

Sans vouloir en rien détruire la légende biblique sur l'origine de Moïse, tout le monde admettra peut-être avec moi que Moïse ne fut pas un simple Israélite, par cette raison appréciable que l'éducation qu'il avait reçue fut bien celle d'un fils de roi, et qu'il est difficile de croire qu'un enfant recueilli par hasard au palais ait pu être élevé de pair avec le fils du souverain. La manière dont les Égyptiens traitaient leurs esclaves montre que ce peuple ne se distinguait pas précisément par sa douceur de caractère ; un enfant trouvé n'aurait certainement pas été mis avec les enfants du pharaon, mais bien mêlé à ses domestiques. Ajoutez à cela, ce qui est peut-être prépondérant ici, l'esprit de caste si strictement observé dans l'ancienne Égypte.

D'une autre part, il est difficile d'admettre que Moïse n'ait pas reçu une instruction complète. Comment s'expliquer sans cela sa grande œuvre de législation, aux vues larges, et ses hautes qualités d'administrateur ?

Maintenant, pourquoi s'est-il attaché aux Israélites s'il était prince ? L'explication me paraît très simple. On sait que chez les anciens, comme dans nos temps modernes, des discussions existaient entre frères sur la question de savoir qui succéderait au père sur le trône. Pourquoi ne pas admettre cette hypothèse que Mossa ou Moïse ait rêvé la fondation d'un royaume distinct, l'existence d'un frère aîné lui défendant de songer au trône d'Égypte ? C'est peut-être dans ce but qu'il a entrepris de s'attacher les Israélites, dont il admirait la fermeté dans leurs croyances et en même temps la force physique. On sait, en effet, que les Israélites d'Égypte ne ressemblaient aucunement, comme constitution, à leurs descendants : les blocs de granit dont sont bâtis les palais et les pyramides sont là pour l'attester.

Je m'explique de la même manière l'histoire des miracles qu'il aurait produits devant Pharaon.

Sans avoir des arguments définitifs pour nier les miracles que Moïse, au nom de Dieu, a pu accomplir devant Pharaon, on conviendra, je pense, sans trop de difficultés, que le verset bouddhiste est plus vraisemblable que la glose biblique. La peste, la petite-vérole, ou le choléra ont dû, en effet, causer des ravages énormes dans les masses extrêmement denses du peuple, à une époque où les idées sur l'hygiène étaient encore rudimentaires et où, conséquemment, le mal devait prendre rapidement des proportions effrayantes.

Moïse, dont l'intelligence était très vive, très prompte à se manifester, a très bien pu, en présence de la peur que Pharaon avait des éléments déchaînés, lui expliquer que c'était là une intervention du Dieu d'Israël en faveur de ses élus.

Moïse possédait même là une excellente occasion de délivrer les Israélites de leur esclavage et de les faire passer sous sa propre domination.

Conformément à la volonté de Pharaon, toujours d'après les bouddhistes, Moïse fit sortir les Israélites des murs de la ville ; mais, au lieu de bâtir une cité nouvelle sur un endroit assez proche de la capitale, ainsi qu'il lui avait été ordonné, il leur fit quitter le territoire égyptien. On comprend aisément l'indignation qui a dû saisir Pharaon en voyant que Moïse enfreignait ses commandements. Aussi ordonna-t-il à ses soldats de se mettre en marche à la poursuite des fuyards. Étant donnée la disposition géographique de la région, il faut penser que Moïse longea les montagnes pendant toute sa route et qu'il entra en Arabie par l'isthme que coupe actuellement le canal de Suez. Pharaon, au contraire, fit prendre à ses troupes un chemin en droite ligne, dans la direction de la mer Rouge ; puis, pour rejoindre les Israélites qui avaient déjà gagné le bord opposé du rivage, il voulut profiter du reflux de la mer dans le golfe formé par la côte et l'isthme et fit passer ses soldats à gué. Mais cette distance de bras de mer à franchir qu'il s'était figurée assez courte se trouva, contre ses prévisions, considérable, de sorte que le flux commença au moment où l'armée égyptienne était à moitié de la traversée, ce qui fit qu'aucun de ceux qui la composaient ne put échapper à la mort.

Ce fait si simple en lui-même s'est transformé à travers les siècles en une légende religieuse chez les Israélites, lesquels voyaient là une intervention divine, comme une punition infligée par leur Dieu à leurs persécuteurs. On est fondé à croire, d'ailleurs, que Moïse lui-même entretint cette croyance. Mais c'est là une thèse que je m'appliquerai à développer dans un prochain ouvrage.

La chronique bouddhiste décrit ensuite brièvement la grandeur et la décadence du royaume d'Israël ainsi que sa conquête par des étrangers, qui en réduisirent les habitants à l'état de servitude.

Les malheurs qui fondirent sur les Israélites et l'amertume qui, désormais, affligea leurs jours étaient, d'après le chroniqueur, des raisons plus que suffisantes pour que Dieu, prenant en pitié son peuple et voulant lui venir en aide, se décidât à descendre sur la terre sous les traits d'un prophète, afin de le ramener dans la voie du salut.

Ainsi l'état des choses de cette époque justifiait cette croyance que l'arrivée de Jésus était signalée, imminente, nécessaire.

On s'explique ainsi que les traditions bouddhistes puissent affirmer que l'Esprit éternel se détacha de l'Être éternel et s'incarna dans le nouveau-né d'une famille pieuse et noble.

Nul doute que les bouddhistes, aussi bien que les Évangélistes veuillent indiquer par là que l'enfant appartenait à la maison royale de David ; seulement le texte de l'Évangile selon lequel « l'enfant était né du Saint-Esprit » peut être interprété de deux façons, tandis que, d'après la doctrine de Bouddha, laquelle est plus conforme aux lois de la nature, l'Esprit n'a fait que s'incarner dans un enfant déjà né, que Dieu a béni et choisi pour accomplir sa mission ici-bas.

À cet endroit il y a une lacune dans les traditions des Évangélistes, qui, soit ignorance, soit négligence, ne nous disent rien de son enfance, de sa jeunesse et de son éducation. Ils commencent l'histoire de Jésus par son premier sermon, c'est-à-dire à l'époque où, à l'âge de 30 ans, il rentre dans son pays.

Tout ce que les Évangélistes disent à propos de l'enfance de Jésus manque complètement de précision : « Cependant l'enfant croissait et se fortifiait, étant rempli de sagesse, et la grâce de Dieu était en lui, » dit l'un des auteurs sacrés, tandis que Luc : « L'enfant croissait et se fortifiait en esprit, et il demeurait dans le désert jusqu'au jour où il devait paraître devant le peuple d'Israël. »

Comme les Évangélistes ont rédigé leurs écrits longtemps après la mort de Jésus, il est à présumer qu'ils ne faisaient que consigner par écrit les récits, à eux parvenus, des principaux événements de la vie de Jésus.

Par contre, les bouddhistes, qui ont rédigé leurs chroniques aussitôt après la Passion, et qui ont été à même de recueillir les renseignements les plus sûrs sur tous les points qui les intéressaient, nous donnent une description complète et très détaillée de la vie de Jésus.

Dans ces temps malheureux où la lutte pour la vie semble avoir détruit toute notion de Dieu, le peuple d'Israël subissait la double oppression de l'ambitieux Hérode et des Romains despotiques et avares. Alors comme aujourd'hui, les Hébreux mettaient toute leur espérance dans la Providence, qui, croyaient-ils, devait leur envoyer l'homme inspiré qui les délivrerait de leurs souffrances physiques et morales. Cependant le temps passait, et personne ne prenait l'initiative d'une révolte contre la tyrannie des gouvernants.

Dans cette époque de troubles et d'espérances, le peuple d'Israël oublia complètement qu'il existait parmi eux un pauvre Israélite, descendant en ligne directe de leur roi David. Ce pauvre homme épousa une jeune fille qui mit au monde un enfant miraculeux.

Les Hébreux l'apprirent, et, fidèles à leurs traditions de dévouement et de respect pour la race de leurs rois, ils allèrent en foule féliciter l'heureux père et regarder l'enfant. Il est évident que Hérode ne resta pas longtemps sans être mis au courant de tout ce qui s'était passé. Il craignit que l'enfant, une fois grandi, ne se servît de sa popularité en vue de reconquérir le trône de ses ancêtres. Il fit rechercher l'enfant que les Israélites s'efforcent de soustraire à la colère du roi : alors celui-ci ordonne l'abominable massacre d'enfants, espérant que Jésus périrait dans cette vaste hécatombe humaine. Mais la famille de Joseph eut vent de la terrible exécution que méditait Hérode, et elle se réfugia en Égypte.

Quelques temps après, elle revient dans sa terre natale. L'enfant avait grandi dans ces voyages où sa vie était plus d'une fois exposée au danger. Autrefois comme à présent, les Israélites orientaux commençaient à instruire leurs enfants dès l'âge de cinq ou six ans. Obligés à se cacher toujours, les parents ne laissaient pas sortir leur fils, qui passait, sans doute, tout son temps à étudier les Écritures sacrées, de sorte que de retour en Judée il avait devancé de loin tous les garçons du même âge, ce qui étonna les savants vieillards. Il était dans sa treizième année, âge où, d'après la loi judaïque, le jeune homme devient majeur, a le droit de se marier et de remplir ses devoirs religieux à l'égal des adultes.

Il existe aussi encore de notre temps chez les Israélites une ancienne coutume religieuse qui fixe la majorité d'un homme à l'âge de treize ans accomplis. À partir de cette époque, l'adolescent devient membre de la société et jouit de droits égaux à ceux des adultes. De même, son mariage à cet âge passe pour avoir force de loi et même être indispensable dans les pays chauds. Cependant, en Europe, cette coutume est tombée en désuétude et n'a plus aucune importance, grâce à l'influence des lois locales et de la nature même, qui, ici, ne contribue pas aussi puissamment que dans les pays chauds au développement physique des jeunes gens.

Son origine royale, sa rare intelligence et les fortes études qu'il avait faites le firent regarder comme un excellent parti, et les hommes les plus riches et les plus nobles auraient voulu l'avoir pour gendre. De même, les Israélites d'aujourd'hui, tiennent à honneur de marier leurs filles à un fils de rabbin ou de savant. Mais le jeune homme, pensif, comme détaché de toutes les choses corporelles et dévoré par la soif de connaissances, quitta clandestinement la maison de ses parents et s'en alla aux Indes avec les caravanes en partance.

On peut croire que Jésus-Christ ait préféré d'abord partir pour les Indes, d'abord parce qu'à cette époque l'Égypte elle-même faisait partie des possessions romaines, ensuite et surtout parce qu'un échange commercial très actif avec les Indes avait répandu en Judée une foule de récits sur le caractère majestueux et la richesse inouïe des arts et des sciences dans ce pays merveilleux où tendent encore maintenant toutes les aspirations des peuples civilisés.

Ici, les Évangélistes perdent encore une fois le fil de la vie terrestre de Jésus. Luc dit : « Il demeurait dans le désert jusqu'au jour où il devait paraître devant le peuple d'Israël, » ce qui démontre uniquement que personne ne savait où avait disparu le saint jeune homme, qui réapparut subitement seize ans après.

Arrivé aux Indes, pays des merveilles, Jésus commence par fréquenter les temples des Djainites.

Il a existé jusqu'à nos jours dans la péninsule de l'Hindoustan une secte qui porte le nom de djainisme ; elle forme pour ainsi dire un trait-d'union entre le bouddhisme et le brahminisme, et prêche la destruction de toutes les autres croyances, qu'elle déclare entachées de fausseté. Elle remonte au VIIe siècle avant Jésus-Christ ; son nom dérive du mot « djaine » (conquérant) qu'elle s'est donné comme symbole de son triomphe sur ses rivales.

Émerveillés de l'esprit du jeune homme, les Djainites le prient de rester avec eux ; mais Jésus les quitte pour s'établir à Djaggernat, où il se consacre à l'étude de traités de religion, de philosophie, etc. Djaggernat, une des principales villes sacrées des brahmines, et qui, au temps du Christ, a joui d'une grande importance religieuse. D'après la tradition, on conserve ici, dans le creux d'un arbre, près d'un magnifique temple que fréquentent chaque année des milliers d'humains, les cendres de l'illustre brahmine Krichna, qui vécut en 1580 avant Jésus-Christ et recueillit et mit en ordre les Vèdes, dont il effectua la division en quatre livres : Richt, Jagour, Saman et Artafan. Krichna, qui reçut pour ce travail le nom de Viassa (celui qui a recueilli et divisé les Vèdes) a rédigé également le Védantha et 18 Pouranas composés de 400 000 strophes.

On trouve, en outre, à Djaggernat une bibliothèque fort précieuse de livres sanscrits et de manuscrits religieux.

Jésus passe ici six ans, en étudiant la langue du pays et le sanscrit, ce qui lui permet d'approfondir toutes les doctrines religieuses, la philosophie, la médecine et les mathématiques. Il trouve beaucoup à blâmer dans les usages et les lois brahmines, et il soutient des discussions publiques avec les brahmines, qui s'efforcent de le convaincre du caractère sacré des coutumes établies. Entre autres choses, Jésus trouve particulièrement inique que le travailleur soit humilié, que non seulement on le prive des biens à venir, mais aussi qu'on lui conteste le droit d'entendre les lectures religieuses. Et Jésus se met à prêcher devant les soudras, dernière caste d'esclaves, en disant que Dieu est un, d'après leurs propres lois, que tout ce qui existe n'existe que par lui, que devant lui, tout est égal, et que les brahmines ont obscurci le grand principe du monothéisme en dénaturant les paroles de Brahma lui-même et en insistant à l'excès sur les cérémonies extérieures du culte.

Voici en quels termes, selon la doctrine des brahmines, Dieu parle de lui-même aux anges : « J'ai été depuis l'éternité et je serai éternellement. Je suis la cause première de tout ce qui existe à l'est et à l'ouest, au nord et au sud, en haut et en bas, au ciel et aux enfers. Je suis plus vieux que toutes choses. Je suis l'Esprit et la création de l'univers et son créateur. Je suis tout-puissant, je suis le Dieu des dieux, le Roi des rois ; je suis Para-Brahma, la grande âme de l'univers. »

Après que le monde eût apparu par le seul désir de ParaBrahma, Dieu créa les hommes, qu'il rangea en quatre classes, d'après leur couleur: blanche (brahmines), rouge (kchatrias), jaune (veises), et noire (soudras). Brahma tira les premiers de sa propre bouche et leur donna comme apanage le gouvernement du monde, le soin d'enseigner aux hommes les lois, de les guérir et de les juger. Aussi les brahmines occupent-ils seulement les emplois de prêtres, et les prédicateurs, commentateurs des Vèdes, doivent seuls observer le célibat.

La deuxième caste, celle des kchatrias, est sortie de la main de Brahma. Il en fit des guerriers, leur confiant le soin de défendre la société. Tous les rois, princes capitaines, gouverneurs et gens de guerre appartiennent à cette caste, qui entretient avec les brahmines des relations empreintes de la plus grande cordialité, parce qu'ils ne peuvent subsister l'un sans l'autre et que la paix du pays dépend de l'alliance des lumières et du glaive, du temple de Brahma et du trône royal.

Les veises, qui forment la troisième caste, ont été tirés par Brahma de son propre ventre. Ils sont destinés à labourer la terre, à élever les bestiaux, à pratiquer le commerce et exercer toute sorte de métiers, afin de nourrir brahmines et kchatrias. On ne les autorise que les jours de fêtes à aller au temple et à écouter la lecture des Vèdes ; à toute autre époque, ils doivent vaquer à leurs affaires.

La dernière caste, celle des noirs ou soudras, est sortie des pieds de Brahma, pour être les humbles serviteurs et esclaves des trois premières castes. Il leur est interdit d'assister à la lecture des Vèdes ; c'est se souiller que d'être en contact avec eux. Ce sont des êtres misérables, dépouillés de tout droit humain, ne pouvant même regarder les membres des castes supérieures, se défendre et, en cas de maladie, recevoir les soins d'un médecin.

Il n'y a que la mort qui puisse les délivrer des conséquences de leur vie de servitude, mais, pour cela, encore faut-il qu'ils aient, toute leur vie durant, servi sans murmure ni paresse un membre d'une des classes privilégiées. Alors seulement, après s'être acquitté avec fidélité et un zèle excessif de ses fonctions, auprès d'un brahmine ou d'un kchatrias, le soudra aura la promesse que son âme, après sa mort, sera élevée à une caste supérieure.

Si un soudra a manqué d'obéissance envers un membre de la classe privilégiée ou s'est attiré sa disgrâce, on l'expulse de sa caste, il tombe au rang d'un paria, qu'on bannit de toutes les villes et de tous les villages ; il est l'objet d'un mépris général ; c'est un être abject, à qui l'on ne permet plus d'accomplir que les plus basses besognes.

La même punition peut d'ailleurs porter sur un membre d'une autre caste ; toutefois, ceux-ci, à force de repentir, de jeûnes et d'épreuves, peuvent réintégrer leur ancien rang dans leur caste, tandis que le malheureux soudra, une fois chassé de la sienne, est perdu à tout jamais.

On s'expliquera donc par ce qui précède l'adoration des veises et des soudras pour Jésus, qui, malgré les menaces des brahmines et des kchatrias, ne les délaissa jamais.

Or, Jésus blâma dans ses sermons non seulement que l'on dépouillât l'homme du droit d'être considéré comme tel, tandis qu'on adorait un singe ou un morceau de marbre ou de métal, mais encore il s'emporta contre le principe même du brahminisme, son système de dieux, sa doctrine et sa trimourti (trinité), pierre angulaire de cette religion.

On représente Para-Brahma avec trois visages sur une seule tête : c'est la trimourti (Trinité), composée de Brahma (créateur), Vischnou (conservateur) et Siva (destructeur). Voici quelle est l'origine de la trimourti : Au commencement, Para-Brahma créa les eaux et y jeta la semence génératrice, qui se transforma en un œuf brillant où se refléta l'image de Brahma. Des millions de siècles s'étaient écoulés quand Brahma partagea l'œuf en deux moitiés, dont l'une, celle d'en haut, devint le ciel ; la moitié inférieure constitua la terre.

Cela fait, Brahma descendit sur terre sous l'apparence d'un enfant, s'installa sur une fleur de lotus, se plongea en lui-même et se posa cette question : « Qui estce qui veillera à la conservation de ce que j'ai créé ? » Une réponse sortit de sa bouche sous l'apparence d'une flamme : « Moi », et Brahma donna à ce mot le nom de Vischnou, ce qui veut dire « celui qui conserve. » Puis Brahma divisa son être en deux moitiés, l'une mâle et l'autre femelle, le monde actif et le monde passif, dont l'union donna le jour à Siva « le destructeur ».

Voici quels sont les attributs de la trimourti : Brahma, être créateur ; Vischnou, sagesse conservatrice ; Siva, colère destructive de la justice. Brahma est la substance dont tout est fait ; Vischnou, l'espace où tout vit, et Siva, le temps qui anéantit toutes choses.

Brahma est le visage qui vivifie tout ; Vischnou, l'eau qui soutient les forces des créatures ; Siva, le feu qui rompt le lien qui unit les objets. Brahma est le passé, Vischnou le présent, et Siva l'avenir. Chaque partie de la Trimourti possède en outre une femme : celle de Brahma est Sarasvati, déesse de la Sagesse, celle de Vischnou s'appelle Lackmi, déesse de la Vertu, et Siva a épousé Kali, déesse de la Mort, l'universelle destructrice.

De cette dernière union naquirent le sage dieu Ganega et Indra, chef des divinités inférieures, dont le nombre, en y comprenant tous les objets d'adoration des Hindous, monte au chiffre de trois cents millions.

Vischnou est descendu huit fois sur terre, en s'incarnant tantôt dans un poisson, pour sauver du déluge les livres sacrés, tantôt dans une tortue, puis dans un nain, dans un sanglier, un lion, tantôt en Rama, fils de roi, en Krichna, en Bouddha. Il viendra une neuvième fois sous forme d'un cavalier montant un cheval blanc, pour détruire la mort et les péchés.

Jésus nia l'existence de toutes ces inepties hiérarchiques de dieux qui obscurcissaient le grand principe de monothéisme.

Les brahmines, voyant que le peuple commençait à embrasser la doctrine de Jésus, qui était devenu leur adversaire, alors qu'ils avaient espéré le gagner pour leur parti, résolurent de le tuer ; mais ses serviteurs, qui l'aimaient beaucoup, l'avertirent du danger qui le menaçait, et il se réfugia dans les montagnes du Népal. À cette époque, le bouddhisme avait pris de profondes racines dans ce pays.

C'était une sorte de schisme, remarquable par ses principes moraux et ses idées sur la nature de la divinité, idées qui rapprochaient l'homme de la nature et les hommes entre eux.

Le fondateur de cette secte, Çakya-Mouni, est né quinze cents ans avant Jésus-Christ à Kapila, capitale du royaume de son père, près de Nepal, dans l'Himalaya. Il appartenait à la race des Gotamides et à la famille des antiques Çakyas. Dès son enfance, il montra un vif attrait pour la religion, et, malgré les désirs de son père, il quitta son luxe et le palais qu'il habitait. Il commença aussitôt à prêcher contre les brahmines, tout en purifiant leurs doctrines. Il mourut à Kouçinagara, entouré de plusieurs disciples fidèles. Son corps fut brûlé, et ses cendres, divisées en plusieurs parts, furent réparties entre les villes d'où sa nouvelle doctrine avait chassé le brahmanisme.

D'après la doctrine bouddhiste, le Créateur reste toujours dans un état d'inaction parfaite que rien ne vient troubler et dont il ne sort qu'à des époques déterminées par la destinée pour créer des bouddhas terrestres. À cet effet, l'Esprit se détache du souverain Créateur, s'incarne dans un bouddha et va résider pour quelque temps sur la terre, où il crée des bouddhissatwas (maîtres), dont le rôle est de prêcher la parole divine et de fonder de nouvelles églises de croyants, auxquels ils donneront des lois et pour qui ils institueront un nouvel ordre religieux suivant les traditions du bouddhisme.

Un bouddha terrestre est, en quelque sorte, un reflet du souverain Bouddha créateur, auquel il s'unit à nouveau après avoir terminé son existence sur terre ; les bouddhissatwas, de même, en récompense de leurs travaux et des privations qu'ils ont endurées ici-bas, reçoivent la béatitude éternelle et jouissent d'un repos que plus rien ne saurait troubler.

Jésus séjourne six ans au milieu des bouddhistes, où il trouve le principe de monothéisme encore vierge. Parvenu à l'âge de 26 ans, il se souvient de sa patrie, qu'opprime un joug étranger. Il retourne donc dans son pays. Chemin faisant, il prêche contre l'idolâtrie, les sacrifices humains et les erreurs religieuses, en exhortant tout le monde à reconnaître et à adorer Dieu, père de tous les êtres, qu'il chérit également, les maîtres aussi bien que les esclaves, car tous ils sont ses enfants à qui il a donné comme héritage commun son bel univers. Les sermons de Jésus produisaient souvent une profonde impression sur les nations qu'il traversait, courant toute sorte de dangers, que lui suscitait le clergé, et sauvé par les idolâtres qui hier encore avaient offert leurs enfants en sacrifice à leurs idoles.

En traversant la Perse, Jésus faillit soulever une révolution parmi les adorateurs de la doctrine de Zoroastre. Pourtant les prêtres ne le tuèrent pas, de peur que le peuple ne le vengeât. Ils eurent recours à la ruse et ils le firent sortir hors de la ville, de nuit, espérant que les bêtes féroces le mettraient en pièces. Jésus échappa à ce péril et arriva sain et sauf dans le pays d'Israël.

Il faut remarquer ici que les Orientaux, au milieu de leur misère quelquefois si pittoresque, et dans l'océan de dépravation où ils sombrent, se trouvent jusqu'à maintenant sous l'influence de leurs prêtres et précepteurs, et que néanmoins ils ont un goût prononcé pour l'instruction et comprennent facilement les explications bien tranchées. Plus d'une fois il m'est arrivé, m'aidant des simples paroles de la vérité, de faire appel à la conscience d'un voleur ou d'un insoumis: ces gens-là, mus par un sentiment d'honnêteté inné chez eux et que le clergé, dans le but personnel qu'il poursuit, s'efforce par toutes les voies possibles d'étouffer en eux, ces gens, dis-je, redevenaient très vite honnêtes et n'avaient plus assez de mépris pour ceux qui les avaient abusés.

Par la seule vertu d'une parole de vérité, on pourrait faire de l'Inde entière avec ses 300 millions d'idoles un vaste pays chrétien ; mais... ce beau projet causerait sans doute un préjudice à de certains chrétiens qui, pareils aux prêtres dont j'ai parlé plus haut, spéculent sur l'ignorance de la foule pour s'enrichir.

Saint Luc dit que « Jésus avait environ 30 ans lorsqu'il commença à exercer son ministère ». Selon le chroniqueur bouddhiste, Jésus aurait commencé à prêcher dans sa vingt-neuvième année. Tous ses sermons, que les Évangélistes ne mentionnent pas et qui ont été conservés par les bouddhistes, sont remarquables par leur caractère de grandeur divine. La réputation du nouveau prédicateur se répandit vite dans le pays, et Jérusalem attendait avec impatience son arrivée. Lorsqu'il s'approcha de la ville sainte, tous les habitants allèrent à sa rencontre et le conduisirent en triomphe au temple, ce qui est conforme à la tradition chrétienne. Les chefs et les savants qui l'entendirent admirèrent ses sermons et se réjouirent de l'impression bienfaisante qu'exerçaient les paroles de Jésus sur la foule. Tous les remarquables sermons de Jésus sont remplis de sublimes paroles.

Cependant Pilate, gouverneur du pays, ne vit pas la chose du même œil. Des agents zélés lui faisaient savoir que Jésus annonçait la venue prochaine d'un nouveau royaume, le rétablissement du trône d'Israël, et qu'il se faisait appeler Fils de Dieu, envoyé pour ramener le courage d'Israël, car lui, roi de Judée, montera bientôt sur le trône de ses ancêtres.

Je ne veux point attribuer à Jésus le rôle d'un révolutionnaire, mais il me paraît très probable que Jésus travaillait le peuple en vue de rétablir le trône qui lui revenait de plein droit. Inspiré divinement et en même temps convaincu que ses prétentions étaient légitimes, Jésus prêcha donc l'union spirituelle du peuple afin qu'une union politique en résultât.

Alarmé par ces bruits, Pilate fit convoquer les savants et les anciens du peuple, et les chargea d'interdire à Jésus le prêche public et même de le condamner au temple sous l'inculpation d'apostasie. C'était le meilleur moyen de se débarrasser d'un homme dangereux dont Pilate connaissait l'origine royale et dont la gloire croissait dans le peuple.

Il faut remarquer à ce sujet que loin de persécuter Jésus, les Israélites, reconnaissant en lui le descendant de l'illustre dynastie de David, en faisaient l'objet de leurs espérances secrètes, comme cela appert de l'Évangile même, qui raconte que Jésus prêchait en toute liberté au temple, en présence des anciens, qui auraient pu lui interdire non seulement l'accès du temple, mais encore les prêches.

Ayant reçu l'ordre de Pilate, le synédrion se réunit et cita Jésus à comparaître devant son tribunal. À la suite d'une enquête, les membres du synédrion firent savoir à Pilate que ses soupçons n'étaient pas fondés, Jésus faisant de la propagande religieuse et non pas politique ; qu'il prêchait la parole divine, d'autant plus que Jésus disait être venu, non pour renverser, mais pour rétablir les lois de Moïse. La chronique bouddhiste ne fait que confirmer cette sympathie qui existait indubitablement entre Jésus, jeune prédicateur, et les Anciens du peuple d'Israël ; d'où leur réponse : « On ne juge pas un juste. »

Pilate ne se tranquillisa point, et continua à chercher une occasion de faire citer Jésus devant un nouveau tribunal, régulier celui-ci ; à cet effet, il lança à sa poursuite une foule d'agents qui le surveillèrent et l'appréhendèrent enfin au corps.

À en croire les Évangélistes, ce seraient les Pharisiens et les Hébreux qui auraient cherché à mettre à mort Jésus, tandis que la chronique bouddhiste déclare positivement que Pilate seul doit en être rendu responsable. Cette version est évidemment beaucoup plus vraisemblable que le récit des Évangélistes : les conquérants de la Judée ne pouvaient tolérer longtemps la présence d'un homme qui annonçait au peuple la délivrance prochaine du joug étranger. La popularité de Jésus ayant commencé à inquiéter Pilate, on peut supposer que celui-ci détacha près du jeune prédicateur des espions chargés de relever ses paroles et ses moindres actes. En vrais agents provocateurs, les suppôts du gouverneur romain s'efforçaient en outre, par les questions embarrassantes qu'ils posaient à Jésus, de lui arracher quelques paroles imprudentes qui eussent permis à Pilate de sévir contre lui. Si la prédication de Jésus avait déplu aux savants et aux prêtres hébreux, ils auraient simplement ordonné au peuple de ne pas l'écouter, de ne pas le suivre, et lui auraient interdit l'entrée du temple. Or, les Évangélistes racontent que Jésus jouissait d'une grande liberté au milieu des Israélites et dans les temples où pharisiens et savants conversaient avec lui.

Pour pouvoir le condamner, Pilate le fit mettre à la question pour lui arracher l'aveu de haute trahison.

Voyant que les tortures n'amenaient pas le résultat désiré, et que, contrairement à ce qui arrivait le plus souvent à d'autres prévenus innocents, mais abattus par les souffrances et voulant, coûte que coûte, échapper à d'atroces tortures, Jésus ne s'était pas encore accusé lui-même, Pilate donna ordre qu'on procédât aux dernières cruautés dans le but d'amener la mort de Jésus par l'épuisement des forces. Cependant Jésus, puisant tout son courage dans sa volonté et sa confiance en sa juste cause qui était celle de la nation et de Dieu même, opposa une résistance inébranlable à tous les raffinements de cruauté de ses bourreaux.

Jésus avait subi la question secrète, ce qui provoqua le mécontentement des Anciens : aussi résolurent-ils d'intervenir en sa faveur et de demander qu'on le mît en liberté avant la fête de Pâque.

Déboutés des fins de leur demande par Pilate, ils se décidèrent à insister pour qu'il fût traduit devant le tribunal, certains qu'ils étaient de son acquittement, qui paraissait d'autant plus sûr que le peuple entier le désirait ardemment.

Aux yeux des prêtres, Jésus était un saint appartenant à la famille de David et sa détention injuste, ou, ce qui était encore plus grave, sa condamnation aurait profondément attristé la solennité de la grande fête nationale des Israélites.

Apprenant l'insuccès de leur demande, ils sollicitèrent que le jugement eût lieu avant la fête. Cette fois, Pilate accéda à leur désir, mais il fit juger deux brigands en même temps que Jésus. C'est que Pilate voulut atténuer, aux yeux de la population, l'importance de ce fait qu'un innocent venait d'être jugé par le tribunal, et, en ne laissant pas condamner Jésus seul, ne pas tenir la foule sous la triste impression d'un verdict dicté à l'avance. Au contraire, la condamnation simultanée de Jésus et des deux brigands effaçait presque l'injustice que l'on venait de commettre à l'égard d'un des prévenus.

L'accusation était fondée sur les dépositions de témoins à gages.

Pendant le jugement, Pilate profita des paroles de Jésus qui prêche le royaume du ciel pour justifier l'accusation qu'on formulait contre ce dernier. Il compta, paraît-il, sur l'effet produit par les réponses de Jésus et sur sa propre autorité pour persuader aux membres du tribunal de ne pas examiner trop minutieusement les détails de la cause qu'ils jugeaient, et pour prononcer le verdict qu'il souhaitait de voir rendre.

Après avoir entendu la réponse parfaitement naturelle des juges, que des paroles de Jésus il ne résultait guère pour lui qu'une chose diamétralement opposée à l'accusation, et que, de ce chef, il ne pouvait être condamné, Pilate eut recours au dernier moyen qu'il pût encore employer, à la déposition du délateur qui, dans la pensée du gouverneur, devait produire sur les juges une impression très forte : le misérable, qui n'était autre que Judas, accusa formellement Jésus d'avoir fomenté une révolte dans le peuple.

Alors eut lieu une scène égale à tout ce que nous connaissons de plus sublime. Quand Judas articula sa déposition, Jésus se tourna vers lui, et, l'ayant béni, lui dit : « Tu seras pardonné, car ce que tu dis ne vient pas de toi ! » Puis, s'adressant au gouverneur : « Pourquoi humilies-tu ta dignité, et pourquoi apprends-tu à tes inférieurs à vivre dans le mensonge, puisque, même sans cela, tu as le pouvoir de condamner un innocent ? »

Touchante et sublime parole ! Jésus-Christ s'y manifeste dans toute sa grandeur, en convainquant d'abord le délateur d'avoir vendu sa conscience, puis en lui pardonnant ; il s'adresse ensuite à Pilate et lui reproche d'avoir eu recours, pour obtenir sa condamnation, à des procédés aussi dégradants pour sa dignité.

L'accusation que Jésus venait de porter contre Pilate fit complètement oublier au gouverneur sa position et la prudence dans laquelle il devait se renfermer : aussi exigea-t-il impérieusement des juges la condamnation de Jésus, et, comme s'il eût voulu faire voir le pouvoir illimité dont il disposait, l'acquittement des deux brigands.

Les juges trouvèrent injuste cette exigence de Pilate de vouloir qu'on acquittât les deux larrons et que Jésus fût condamné, quoique innocent : ils se refusèrent à commettre ce double crime envers leur conscience et leurs lois ; mais, n'étant pas de taille à lutter avec qui avait le droit de juger en dernier ressort, et le voyant fermement décidé à se débarrasser à tout prix d'un homme qui portait ombrage aux autorités romaines, ils lui laissèrent prononcer le verdict qui lui tenait si fort au cœur. Pour ne pas endurer les reproches de la foule, qui ne leur aurait pas pardonné de s'être rendus coupables d'un jugement inique, en sortant de la salle où siégeait le tribunal, ils se lavèrent les mains, montrant ainsi qu'ils n'étaient pour rien dans la mort du juste Jésus, que le peuple adorait.

Il y a une dizaine d'années, j'ai lu dans un journal allemand, le Fremdenblatt, un article sur Judas, où l'auteur s'efforçait de démontrer que le délateur avait été le meilleur ami de Jésus. C'est par amour pour son maître que Judas l'aurait trahi, dans sa croyance aveugle aux paroles du Sauveur, qui disait que son royaume arriverait après son supplice. Mais, lorsqu'il l'aurait vu en croix, après avoir inutilement attendu sa résurrection momentanée qu'il croyait proche, Judas, ne pouvant surmonter la douleur qui l'accablait, se serait pendu.

Inutile d'insister sur cette élucubration, assez originale d'ailleurs.

En revenant au récit de l'Évangile et à la chronique bouddhiste, il se peut très bien que le délateur à gages ait été Judas, bien que la version bouddhiste soit muette sur ce point. Quant aux remords de conscience qui auraient amené le délateur à se donner la mort, je n'y ajoute guère de crédit. Un homme capable de commettre une pareille lâcheté et de porter contre quelqu'un de sa connaissance une accusation notoirement fausse, et ce, non par envie ou esprit de vengeance, mais pour une poignée d'argent, un tel homme, dis-je, est, psychiquement, de peu de valeur. Il ignore ce qu'est l'honnêteté et la conscience, et les remords lui sont inconnus.

Il est à présumer que le gouverneur lui-même a agi à son égard, comme cela se fait parfois de nos jours, alors qu'il faut à tout prix cacher au peuple un secret grave et compromettant qu'un pareil homme sans aveu pourrait fort bien trahir sans se soucier autrement de ses conséquences.

On aura donc tout bonnement pendu Judas, pour l'empêcher de révéler un jour que la délation dont Jésus avait été victime émanait du gouvernement lui-même.

Le jour de l'exécution, un nombreux détachement de soldats romains se mit autour de la croix pour empêcher la foule de délivrer celui qui était l'objet de son culte. Dans cette occurrence, Pilate fit preuve d'une fermeté et d'une résolution extraordinaires. Mais si, grâce aux précautions prises par lui, la sédition n'éclata pas, il ne put empêcher qu'après l'exécution le peuple pleurât la ruine de ses espérances, qui tombaient avec la personne du dernier rejeton de la race de David. Tout le peuple alla adorer le tombeau de Jésus. Bien que nous n'ayons pas de renseignements précis sur les premiers jours qui suivirent la Passion, nous pourrions, par conjectures vraisemblables, reconstituer les scènes qui ont dû y avoir lieu. Il est très acceptable que le prudent lieutenant du César romain, voyant le tombeau de Jésus devenir le lieu de réunion d'universelles lamentations et l'objet de la douleur nationale, et craignant que la mémoire de ce juste n'excitât le mécontentement de la population et ne soulevât le pays entier contre le joug étranger, ait employé tous les moyens possibles pour chasser le souvenir de Jésus. Pilate commença par faire inhumer le corps. Pendant trois jours, les soldats à qui fut confiée la garde du tombeau furent en butte aux risées et aux injures du peuple, qui, bravant le danger, venait en foule adorer le grand martyr. Alors Pilate ordonna à ses soldats d'enlever le corps la nuit, où le pèlerinage cessait, et de l'enterrer clandestinement autre part, en laissant la première tombe ouverte et en retirant sa garde, afin que les habitants pussent voir que Jésus avait disparu. Mais Pilate manqua son but, car le lendemain, ne trouvant plus le corps de leur maître dans le sépulcre, les Hébreux, superstitieux et croyant aux miracles, le déclarèrent ressuscité.

Comment cette légende a-t-elle pu prendre racine ? Nous n'en savons rien. Peut-être n'exista-t-elle longtemps qu'à l'état latent et ne se répandit-elle tout d'abord que parmi le bas peuple ; peut-être les autorités ecclésiastiques des Hébreux virent-elles avec indulgence cette croyance innocente qui donnait aux opprimés l'ombre d'une revanche sur leurs oppresseurs. N'importe, le jour où la légende de la résurrection de Jésus devint enfin connue de tous, personne ne se trouva assez fort pour en démontrer l'impossibilité.

En ce qui concerne la résurrection, il faut remarquer que, d'après les bouddhistes, l'âme du juste s'unit à l'Être éternel, tandis que les Évangélistes insistent plutôt sur l'ascension du corps. Cependant il me semble que les Évangélistes et les Apôtres ont très bien fait de donner une description plastique de la résurrection, car autrement, c'est-à-dire si le miracle avait été moins matériel, leurs prédications n'auraient pas eu, aux yeux des nations, cette autorité divine, ce caractère si manifestement divin que le christianisme revêt jusqu'à nos jours, comme étant la seule religion qui soit capable de réconcilier les peuples dans un état d'enthousiasme sublime, d'apaiser leurs instincts sauvages et de les rapprocher de la grande et simple nature que Dieu a confiée, dit-on, au faible nain qu'on appelle l'homme.

NOTES EXPLICATIVES

CHAPITRE III §§ 3, 4, 5, 7.

L'histoire de tous les peuples nous montre qu'une nation, parvenue à l'apogée de sa gloire militaire et de sa richesse, commence presque aussitôt à glisser plus ou moins rapidement sur la pente de la décadence et de la déchéance morales. Les Israélites ayant subi les premiers cette loi de l'évolution des nations, les peuples voisins en profitèrent pour attaquer les descendants de Jacob efféminés et adonnés à la débauche.

§ 8.

Le pays de Romèles, — c'est-à-dire, la patrie de Romulus, de nos jours, Rome.

§ 11, 12.

Il faut avouer que les Israélites, malgré leur esprit et leur intelligence incontestables, n'ont jamais paru songer au lendemain. Pareils en cela à tous les autres peuples orientaux, ce n'est que dans les malheurs qu'ils se rappelaient leurs fautes passées qu'il leur fallait racheter chaque fois par des siècles d'esclavage.

CHAPITRE IV § 6.

Il s'agit dans ce verset, ainsi qu'il est facile de le deviner, de Joseph qui descendait en ligne directe du roi David. On peut rapprocher de cette indication un peu vague les versets suivants de l'Évangile :

— Un ange du Seigneur lui apparut en songe et lui dit : « Joseph, fils de David, ne craignez point de prendre avec vous Marie... » (Évangile selon saint Mathieu, I, 20.)

— Et tous ensemble, tant ceux qui allaient devant lui que ceux qui le suivaient, criaient : « Hosannah au fils de David ! » (Évangile selon saint Mathieu, XXI, 9.)

— À une vierge qu'un homme de la maison de David, nommé Joseph, avait épousée... (Évangile selon saint Luc, I, 27.)

— Le Seigneur Dieu lui donna le trône de David, son père... (Évangile selon saint Luc, 1,32.)

— Jésus avait environ trente ans lorsqu'il commença à exercer son ministère, étant, comme l'on croyait, fils de Joseph, qui fut fils d'Hély, qui fut fils de Nathan, qui fut fils de David. (Évangile selon saint Luc, III, 23, 24, 25, 26, 27, 28, 29, 30 31, etc., etc.)

§ 7.

L'Ancien et le Nouveau testaments nous apprennent que Dieu a promis à David qu'il ferait renaître son trône et y établirait un de ses descendants.

§ 8, 9.

— Cependant, l'enfant croissait et se fortifiait, étant rempli de sagesse, et la grâce de Dieu était en lui.

— Trois jours après, ils le trouvèrent dans le temple, assis au milieu des docteurs, les écoutant et les interrogeant.

— Et tous ceux qui l'entendaient étaient ravis en admiration de sa sagesse et de ses réponses.

— Il leur répondit : « Pourquoi me cherchiez-vous ? Ne saviez-vous pas qu'il faut que je sois occupé à ce qui regarde le service de mon Père ?

— Et Jésus croissait en sagesse, en âge et en grâce devant Dieu et devant les hommes. (Évangile selon saint Luc, II, 40, 46, 47, 49, 52.)

CHAPITRE V § 1.

« Sind » mot sanscrit, modifié par les Persans en Ind ; « Arya », nom antique des habitants de l'Inde ; il signifiait d'abord « homme qui laboure la terre » ou « cultivateur » ; il avait dans l'antiquité une signification purement ethnographique ; cette appellation acquit, plus tard, un sens religieux, notamment celle d'» homme qui croit ».

§ 2.

Saint Luc dit (I, 80) : « Or, l'enfant croissait et se fortifiait en esprit ; et il demeurait dans le désert jusqu'au jour où il devait paraître devant le peuple d'Israël ». Les Évangélistes disent que Jésus demeurait dans le désert ; les bouddhistes ne font qu'expliquer la version de l'Évangile en indiquant où se trouvait Jésus pendant son absence de la Judée ; suivant eux, il a franchi le Sind, nom qui, à proprement parler, signifie « le fleuve » (l'Indus). À propos de ce mot, il est bon de remarquer que beaucoup de mots sanscrits ont subi, en passant dans la langue persane, la même transformation de « s » en « h » ; citons, par exemple :

Sapta (en sanscrit) qui signifie sept — hafta (en persan) ; Sam (en sanscrit) qui signifie égal — ham (en persan) ; Mas (en sanscrit) qui signifie bouche — mah (en persan) ; Sur (en sanscrit] qui signifie soleil — hur (en persan) ; Das (en sanscrit) qui signifie dix — dah (en persan) ; Loco citato... et ceux qui croyaient au dieu Djaïne.

Il a existé jusqu'à nos jours dans la péninsule de l'Hindoustan une secte qui porte le nom de djaïnisme ; elle forme pour ainsi dire un trait d'union entre le bouddhisme et le brahminisme et prêche la destruction de toutes les autres croyances qu'elle déclare entachées de fausseté. Elle remonte au VIIe siècle avant Jésus-Christ ; son nom dérive du mot « Djaïne » (conquérant) qu'elle s'est donné comme symbole de son triomphe sur ses rivales.

Chacun des 18 Pouranas se divise en cinq parties qui, outre les lois canons, les rites et commentaires sur la création, la destruction et la résurrection du monde, traitent encore de la théogonie, de la médecine et même des métiers.

CHAPITRE VI § 12.

Ce n'est que grâce à l'intervention des Anglais que les sacrifices humains offerts principalement à Kali, déesse de la mort, ont pris fin dernièrement. On représente la déesse Kali, debout, un pied sur le cadavre d'un homme dont elle tient la tête dans une de ses innombrables mains, tandis qu'une autre brandit un glaive ensanglanté. Les yeux et la bouche, grands ouverts, expriment la passion et la cruauté.

CHAPITRE VIII § 3, 4.

Zoroastre vivait 550 ans avant Jésus-Christ. Il fonda la doctrine de la lutte de la lumière contre les ténèbres, doctrine exposée d'une façon fort détaillée dans le ZendAvesta (Parole de Dieu), écrit dans la langue zende, et qui, selon la légende, lui aurait été donné par un ange au paradis.

D'après Zoroastre, il faut adorer Mithra (le soleil), d'où descendent le dieu du bien, Ormuzd, et celui du mal, Ariman. Le monde finira quand Ormuzd aura triomphé de son rival, Ariman, qui retournera alors à sa source originelle, Mithra.

CHAPITRE X § 16.

D'après les Évangélistes, Jésus est né à Béthléem, ce que confirme la version bouddhiste, car ce n'est que de Béthléem, située à sept kilomètres de distance de Jérusalem, que l'on voit les murailles de cette dernière ville.

CHAPITRE XI § 15.

La doctrine du Rédempteur est presque tout entière contenue dans les Évangiles. Quant à la transformation d'hommes en enfants, on la connaît surtout par la conversation qui eut lieu entre Jésus et Nicodème.

CHAPITRE XII § 1.

— Dites-nous votre avis sur ceci : « Sommes-nous libres de payer le tribut à César ou de ne le pas payer ? » (Évang. sel. saint Mathieu, XXII, 17.)

§ 3.

Alors Jésus leur répondit : « Rendez donc à César ce qui est à César et à Dieu ce qui est à Dieu. » (V. les Évangélistes.)

CHAPITRE XIV § 3.

D'après les croyances bouddhistes, les bouddhas terrestres, à leur mort, perdent conscience de leur existence indépendante et s'unissent à l'Esprit éternel.

§ 10, 11.

Ici, on parle sans doute des apôtres et de leur activité au milieu des peuples voisins, activité qui ne pouvait passer inaperçue à cette époque-là, à cause des résultats grandioses qu'a eus la prédication des nouveaux principes religieux basés sur l'amour du prochain, au sein de populations qui professaient des religions fondées sur la cruauté de leurs dieux.

Sans me permettre de grandes dissertations ou des analyses trop minutieuses à propos de chaque verset, j'ai cru utile de faire accompagner mon travail de quelques petites notes explicatives, en laissant au lecteur le soin de faire le même travail pour le reste.

Table des matières

La Vie Inconnue
PRÉFACE 5
VOYAGE AU THIBET 9
LE LADAK 35
UNE FÊTE 43
LA VIE DE SAINT ISSA 56
RÉSUMÉ 81
NOTES EXPLICATIVES 102